Kamini Khanduri

BÜYÜK DÜNYA ARAŞTIRMASI

Resimleyen: David Hancock

Yapı Kredi Yayınları - 4953
Doğan Kardeş - 824

Büyük Dünya Araştırması/ Kamini Khanduri
Resimleyen: David Hancock

Özgün adı: The Great World Search
Çeviren: Şahika Tokel

Kitap editörü: Kerem Oğuz Evrandır
Düzelti: Filiz Özkan

Grafik uygulama: Burcu Mertoğlu

Baskı: Bilnet Matbaacılık ve Yayıncılık A.Ş.
Dudullu Organize San. Bölgesi 1. Cad. No: 16 Ümraniye-İstanbul
Tel: 444 44 03 • Fax: (0216) 365 99 07-08 • www.bilnet.net.tr
Sertifika No: 42716

Çeviriye temel alınan baskı: Usborne Publishing, Londra, 2009
1. baskı: İstanbul, Ağustos 2017
3. baskı: İstanbul, Ocak 2019
ISBN 978-975-08-4069-2

© Yapı Kredi Kültür Sanat Yayıncılık Ticaret ve Sanayi A.Ş., 2016
Sertifika No: 12334
Copyright © 2009, 2005, 2003, 1996, Usborne Publishing Ltd.
Bu kitap ilk kez 2009 yılında Usborne Yayınları
83-84 Saffran Hill, Londra EC1N 8RT, İngiltere tarafından yayımlanmıştır.
Usborne adı ve logoları Usborne Yayınları'nın tescilli markalarıdır.

Bütün yayın hakları saklıdır.
Bu baskının hiçbir kısmı yeniden çoğaltılamaz,
herhangi bir erişim sisteminde depolanamaz ya da herhangi bir
biçimde ya da elektronik, mekanik, fotokopi, kayıt ya da başka bir
yöntemle, yayıncının yazılı izni olmaksızın aktarılamaz.

Yapı Kredi Kültür Sanat Yayıncılık Ticaret ve Sanayi A.Ş.
İstiklal Caddesi No: 161 Beyoğlu 34433 İstanbul
Telefon: (0212) 252 47 00 Faks: (0212) 293 07 23
http://www.ykykultur.com.tr
e-posta: ykykultur@ykykultur.com.tr
İnternet satış adresi: http://alisveris.yapikredi.com.tr

Yapı Kredi Kültür Sanat Yayıncılık
PEN International Publishers Circle üyesidir.

Kamini Khanduri

BÜYÜK DÜNYA ARAŞTIRMASI

Resimleyen: David Hancock

İçindekiler

Bu Kitap Hakkında • 2
Havaalanında • 4
Yüzen Pazar • 6
Plajda • 8
Çöl Evleri • 10
Şehir Işıkları • 12
Havuzda • 14
Buz Diyarı • 16
Karnaval! • 18
Loş Arap Pazarı • 20
Alışveriş Merkezinde • 22
Kayağa Gidiyoruz • 24
Safaride • 26
Kasaba Hayatı • 28
Orman Halkı • 30
Ada Hayatı • 32
Sokakta • 34
Rengeyiği Yarışları • 36
Gemi Yolculuğu • 38
Büyük Dünya Turu • 40
İlave Bulmaca • 41
Cevaplar • 42

Bu Kitap Hakkında

Büyük Hala Marigold sana muhteşem bir hediye verdi: Bir dünya turu bileti. Birçok heyecan verici yeri ziyaret edeceksin. Yol boyunca bulunacak türlü türlü şeyler ve çözülecek bulmacalar var.

İşte Büyük Hala Marigold. Yolculuğa seninle birlikte geliyor.

Bu dünya haritası dünya turunda uğrayacağın yerleri gösteriyor.

Büyük Hala Marigold, bu yerlerin her birinde bir arkadaşa ya da akrabaya hediye alman gerektiğini söylüyor. Ama hangi hediyenin nerde olduğunu sana söylemedi – çözmen gereken bilmecelerden biri de bu. İşte bulman gerekenler:

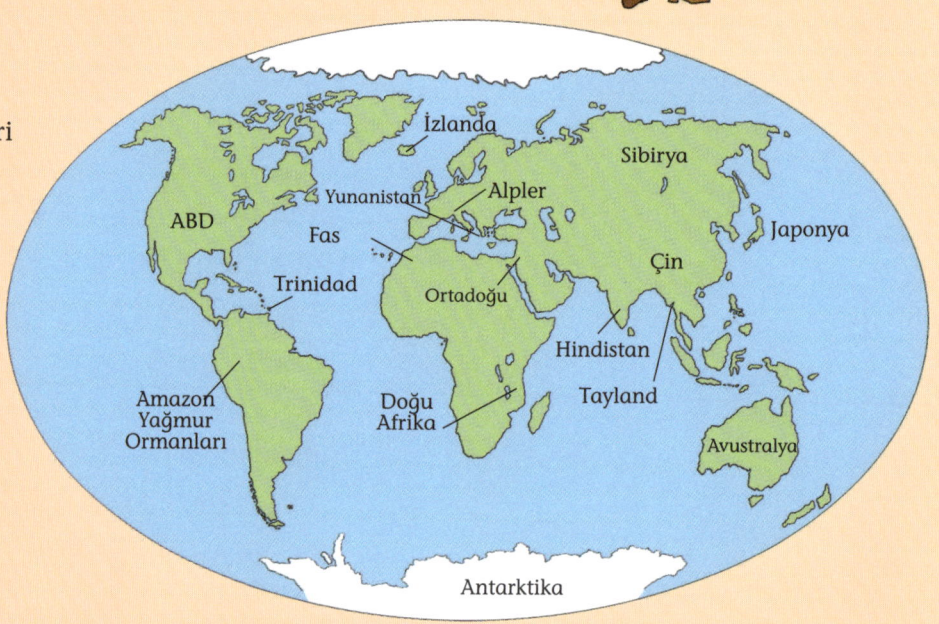

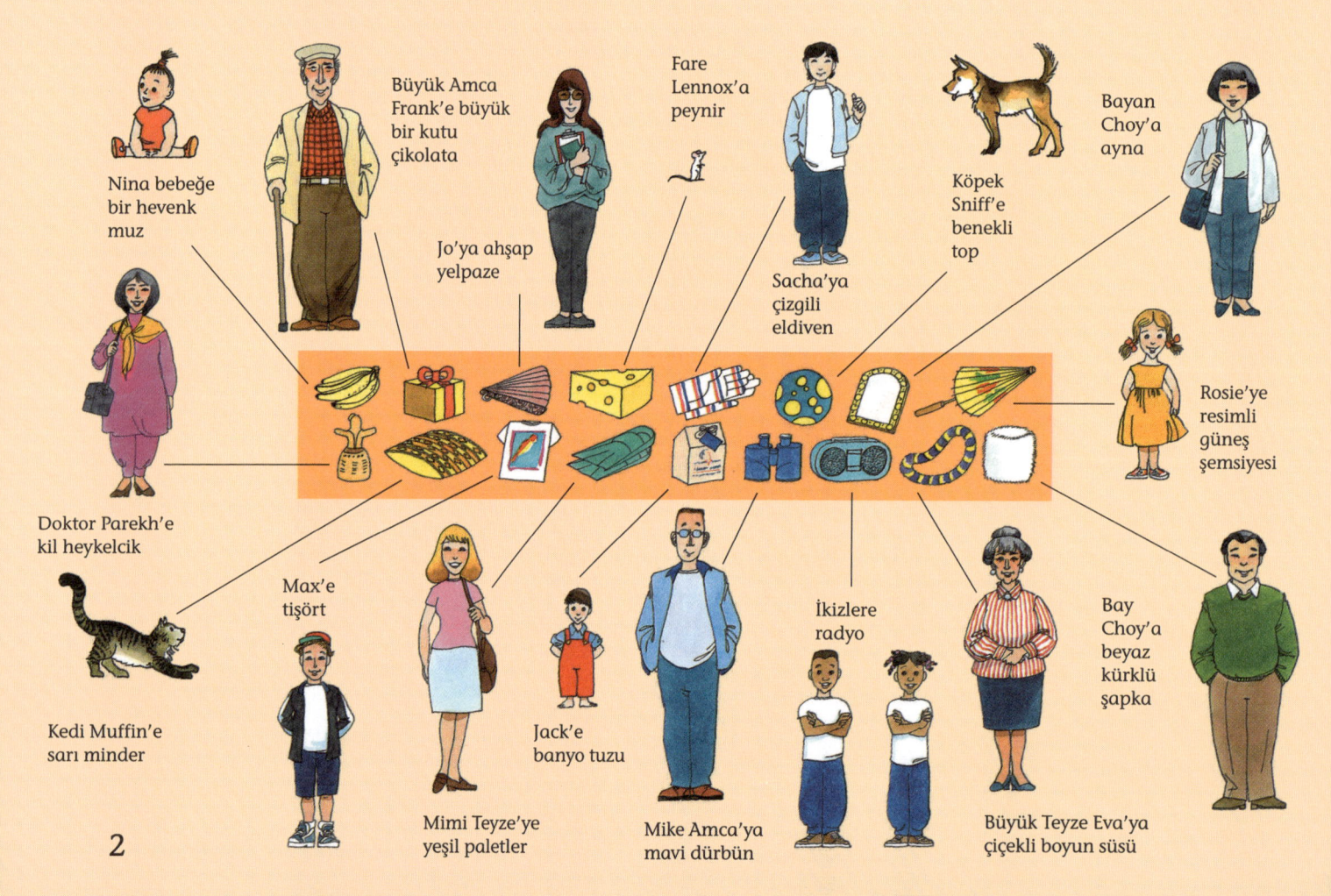

Harita üzerindeki yerler: İzlanda, Yunanistan, Alpler, Sibirya, ABD, Fas, Japonya, Trinidad, Ortadoğu, Çin, Hindistan, Amazon Yağmur Ormanları, Doğu Afrika, Tayland, Avustralya, Antarktika

- Nina bebeğe bir hevenk muz
- Büyük Amca Frank'e büyük bir kutu çikolata
- Jo'ya ahşap yelpaze
- Fare Lennox'a peynir
- Sacha'ya çizgili eldiven
- Köpek Sniff'e benekli top
- Bayan Choy'a ayna
- Rosie'ye resimli güneş şemsiyesi
- Doktor Parekh'e kil heykelcik
- Kedi Muffin'e sarı minder
- Max'e tişört
- Mimi Teyze'ye yeşil paletler
- Jack'e banyo tuzu
- Mike Amca'ya mavi dürbün
- İkizlere radyo
- Büyük Teyze Eva'ya çiçekli boyun süsü
- Bay Choy'a beyaz kürklü şapka

Neler Bulunacak?

Bu kitaptaki her çift sayfa, turundaki farklı bir yeri gösteriyor. Bu yerlerin her birinde bulunacak birçok şey var. Bazılarını bulmak kolay, bazılarını bulmaksa epey zor. Bulmacaların mantığı şöyle:

Bu şerit sana nerde olduğunu, saatin kaç olduğunu ve havanın nasıl olduğunu gösteriyor.

Bu, sana Büyük Hala Marigold'un ne yaptığını anlatıyor. Gittiğin her yerde o da olacak.

Bu kutucuk bulman gereken hediyeleri hatırlatıyor. Her yerde bir hediye var.

Bu küçük resimler büyük resimde bulabileceğin şeyleri gösteriyor.

Her küçük resmin altındaki yazılar, büyük resimde o şeyden kaç tane bulman gerektiğini anlatıyor.

Bir şeyin sadece bir parçasını görsen bile sayılıyor.

Bu, sana gideceğin bir sonraki yerde ihtiyacın olacak bir şeyi bulmanı söylüyor.

Yolu Bulmak

İki sayfadaki tüm bulmacaları bitirdiğinde şimdi nereye gideceğini bulmalısın – bu yer, kitapta bir sonraki sayfada olan yer olmayacak. Ayrıca oraya nasıl seyahat edeceğini de bulman gerek. İşte yapılacaklar.

Her çift sayfanın sağ alt köşesindeki dört küçük resim sana bir sonraki yere nasıl seyahat edeceğini söylüyor.

Sonra nereye gideceğini bulmak için başka bir çift sayfanın sol üst köşesinde bu dört resmin birebir aynısını ara.

Tren, uçak, gemi ya da otobüsle seyahat edecek ama her seyahatte bunların hepsini birden kullanmayacaksın. Herhangi birini birden fazla defa kullanabilirsin.

Bulmaca kontrol listesi

Gittiğin her yerde bulman gerekenler şunlar:
- *Büyük Hala Marigold*
- *Arkadaş ya da akraba için bir hediye*
- *Büyük resme gizlenmiş bir sürü şey*
- *Gideceğin bir sonraki yerde ihtiyaç duyacağın bir şey*
- *Ordan sonra nereye gideceğin*

Eğer yolunu bulmakta güçlük çekersen 40. sayfada doğru rotayı gösteren bir harita var. Diğer bulmacalardan herhangi birinde takılırsan cevaplar 42-47 sayfaları arasında. Şimdi sayfayı çevir ve yolculuğuna başla...

15:30...BÜYÜK DÜNYA TURU ŞİMDİ YOLCU ALIYOR

HAVAALANINDA

Büyük Hala Marigold'un birçok çantası var. Bul onu.

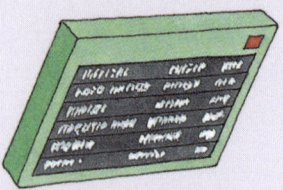

Uçuşlarla ilgili bilgiler ekranlarda gösteriliyor. On bir tane bilgi ekranı sayabilir misin?

Mağazalarda her ihtiyacını bulabilirsin. Güneş gözlüğü satın alan birini bul.

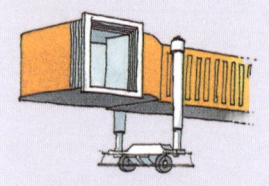

Uçağa binmek için bir körükten geçiyorsun. Nerede olduğunu görebiliyor musun?

Restoranlar yiyecek ve içecek servisi yapıyor. Bu yemeği yiyen kişiyi bulabilir misin?

Yaşlı ya da engelli kimseler alanda küçük araçlarla gezebilirler. İki tane bul.

Bu kitaptaki her çift sayfa, turundaki farklı bir yeri gösteriyor. Bu yerlerin her birinde bulunacak birçok şey var. Bazılarını bulmak kolay, bazılarını bulmaksa epey zor. Bulmacaların mantığı şöyle: Uçağa binmeden önce bagajını teslim etmeli ve güvenlikten geçmelisin. Sonra serbestsin!

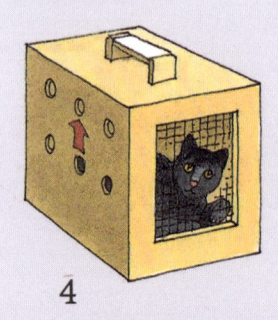

Bazı evcil hayvan türleri uçağa alınabilir ama ancak özel kutular içinde. Bu kediyi bul.

Çanta aranıyor.

X-ray cihazında bıçak görünüyor.

Güvenlik görevlileri silah kontrolü yapıyor. Bunları bul.

Metal dedektöründen geçen kişi.

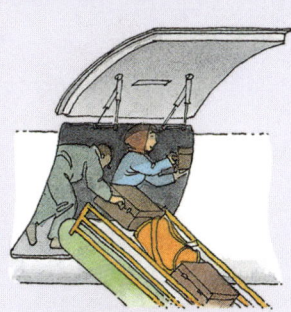

Teslim edilen bagajlar uçağın kargo bölümüne yüklenir. Bu bölümü bul.

Uçak yolculuğu için bir biletin olmalı. Biletini yırtmış erkek yolcuyu bul.

Bavullarını bir el arabasıyla taşıyabilirsin. Yedi tane bulabilir misin?

Döviz bürosunda diğer ülkelerde kullanılan para birimlerinden satın alabilirsin. Döviz bürosunu bulabilir misin?

Yaptığın turdaki ilk durağında bir festival olacak. Sallamak için kırmızı bir bayrak bul.

Sekiz tane telefon bul.

Uçuş görevlileri uçaktaki yolcularla ilgilenirler. On tane uçuş görevlisi bul.

Kontrol kulesindeki görevliler uçaklardaki pilotlara talimatlar veriyorlar. Kuleyi görebiliyor musun?

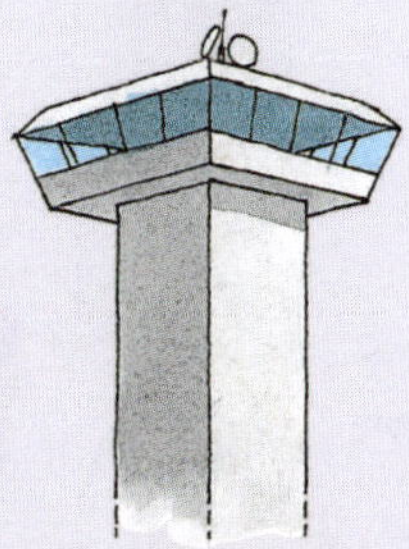

HEDİYE KONTROL LİSTESİ

TAYLAND...08:00...21°C/70°F...BULUTLU

Büyük Hala Marigold, alışverişte satın aldıklarını elinden düşürüyor. Bul onu.

YÜZEN PAZAR

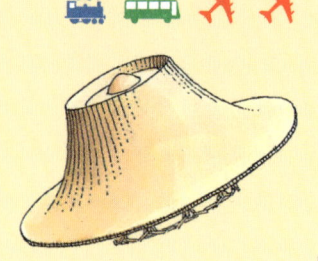

Hasır şapka seni güneşten korur. Şapka satan iki tekne bul.

Çoğu meyve ve sebze kiloyla satılır. Dokuz tane terazi bul.

On bir tane mor boyunlu nektar kuşu bulabilir misin?

Erişte ya da pilavın yanında köri satın alabilirsin. Yemek pişirilen ve satılan iki tekne bul.

Bu sıra dışı pazarı ziyaret etmek için kanalda bir yolculuk yaptın. Buradaki çoğu şey teknelerde satılıyor. Bir şey satın almak için tek yapman gereken teknedeki kişiye seslenmek. Bu kişi kürek çekerek yanaşacaktır, böylece sen de alışverişini yapabilirsin.

Közlenmiş mısır satan birini bulabilir misin?

Karpuzlar

Ananaslar

Çok sayıda taze meyve ve sebze satılıyor. Bunların her biriyle dolu iki tekne bul.

Hindistancevizleri

Misket limonları

HEDİYE KONTROL LİSTESİ

Geleneksel Tayland dansçıları gibi giydirilmiş oyuncak bebekler satılıyor. Nerede olduklarını görebiliyor musun?

Çiçekler

Kap kacak

Balık

Pazarda bunların her birini satan üç tekne bul.

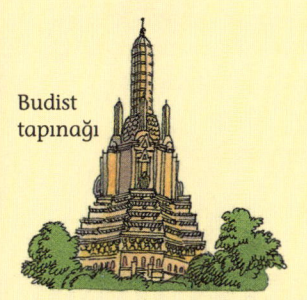

Budist tapınağı

Budizm buradaki en yaygın dindir, dolayısıyla burada çok sayıda Budist tapınağı vardır. Bir tane bul.

Her türden güzel el işi satın alabilirsin. Şunları bulabilir misin?

Oyma ahşap masalar

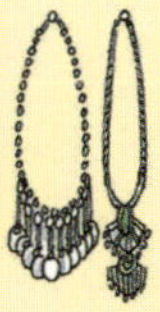

Gümüş kolyeler

İşlemeli minderler

Vernikli ahşap ördekler

Budist rahipler yiyecek istemek için tapınaklarından çıkıyor. Altı rahip bul.

Bir sonraki yerde gece dışarı çıkacaksın. Giymek için bu ipek ceketi bul.

AVUSTRALYA...13:30...24°C/75°F...RÜZGÂRLI

Büyük Hala Marigold, çok faal. Onu görebiliyor musun?

PLAJDA

Rüzgâr sörfçüleri yelkenli sörf tahtalarının üzerinde gidiyorlar. On tane sörfçü bul.

Güneş kremi

Güneş kremi cildini güneşten korur. Güneş kremi süren dört kişi bul.

Yunuslar çok cana yakındır ve genelde insanların yakınında yüzer. On tane bul.

Kano

Sürat teknesi

Yelkenli

Burada her tür küçük deniz taşıtı var. Her birinden yedi tane bul.

On dört martı bul.

Sıcak, güneşli bir yaz günü ve çok kalabalık bir plaja geldin. Yüzmeye gidebilir ya da suda heyecan verici sporlar yapan diğer kişilere katılabilirsin. Eğer tembelliğin üstündeyse sadece kumlara uzanıp gevşeyebilirsin.

Suyun yüzeyinde kayan su kayakçılarını bir sürat teknesi çeker. Sekiz tane kayakçı bul.

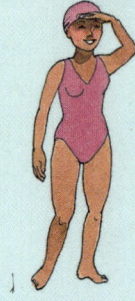

Cankurtaran ekipleri birileri tehlikede mi diye etrafı kolaçan ederler. Kurtarma tatbikatı yapan bir ekip bul.

Muhteşem sualtı doğal yaşamını görmek için mercan kayalıklarının orada dalabilirsin. Beş dalgıç bul.

8

HEDİYE KONTROL LİSTESİ

Bayraklar köpekbalıklarının ve tehlikeli akıntıların olmadığı yerleri gösteriyor. İki tane bayrak bul.

Koala

Kanguru

Kangurular ve koalalar, Avustralya'da doğada yaşıyor. Her birinin bir oyuncağını bulabilir misin?

Sörfçüler dalgaların üzerinde sörf tahtasıyla kayarlar. Otuz sörfçü bul.

Denizde su motosikletleriyle giden insanlar.. Dokuz kişi bul.

Yüzün suyun içindeyken bir şnorkel vasıtasıyla nefes alabilirsin. On şnorkel bul.

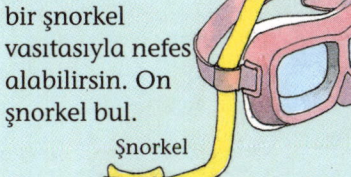

Şnorkel

Deniz paraşütçülerinin paraşütleri vardır. Bir tekne suda ilerlerken onları çeker ve paraşütçüler havaya yükselir. İki tane bul.

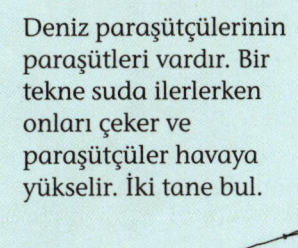

Bir sonraki yerde bazı sıra dışı kuşlar var. Bu kuşların fotoğrafını çekmek için bir fotoğraf makinesi bul.

ORTADOĞU...09:00...25°C/77°F...GÜNEŞLİ

Büyük Hala Marigold, başkalarına yardım ediyor. Nerede olduğunu görebiliyor musun?

ÇÖL EVLERİ

Bedeviler develerine iyi bakar ve genelde onlara bir isim verirler. Kırk deve bulabilir misin?

Bedevi yiyecekleri arasında et, pilav, peynir ve ekmek vardır. Ekmek pişiren kişiyi bul.

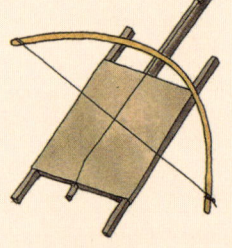

Rebap isimli bu müzik aletleri genelde konukları eğlendirmek için çalınır. Dört tane bul.

Keçiler eti için beslenir ve kalın tüylerinden çadır dokunur. Otuz keçi bul.

Bedevi halkını ziyaret etmek için kurak, tozlu çölde seyahat ettin. Bu halk genelde küçük gruplar halinde yaşar ama bugün büyük bir bayram hazırlığı için bir araya geldi. Çadırlarda türlü türlü etkinlikler yapılıyor.

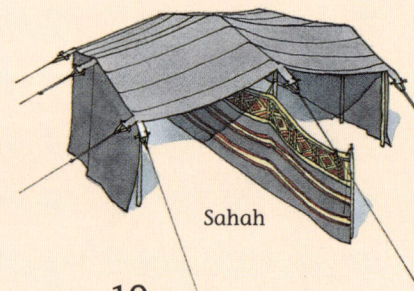

Sahah

Her çadırda kadınlarla erkeklerin alanı "sahah" adındaki bir perdeyle ayrılır. Dört tane bul.

Hububat çuvalları

Soğan dizileri

Metal tencereler

Bedeviler hayvancılık yapar ve kasabalardaki pazarlardan ihtiyaçlarını alırlar. Bunların her birinden üçer tane bul.

10

HEDİYE KONTROL LİSTESİ

Kadınlar keçi ya da deve yününden kilimler, heybeler ve giysiler dokurlar. Bu kilimi bul.

Günümüzde Bedevilerin çoğu develer yerine kamyonlarla seyahat ediyor. Dokuz tane kamyon bulabilir misin?

Saluki cinsi hızlı köpekler, sahipleri için yabani tavşan avlar. On tane göster.

Köpüklü deve sütü hem içilir hem de yemek pişirmekte kullanılır. Üç kâse deve sütü bul.

Gideceğin bir sonraki yerde tapınakları ziyaret edebilirsin. Bu tapınakların yerlerini anlatan bir kitap bul.

Bedeviler çadırlarını ziyaret eden herkese kahve yaparlar. Şunları bul.

Kahve demliği

Kahve kavurmak için tava

Kahve fincanları

Kahve öğütmek için havan ve tokmak

Üç tane deve eyeri bulabilir misin?

JAPONYA...18:00...12°C/54°F...RÜZGARLI

ŞEHİR IŞIKLARI

Büyük Hala Marigold, bir şeyler atıştırmak için mola verdi. Onu bulabilir misin?

Sırt çantalı yirmi okul çocuğu gösterebilir misin?

Suşi soğuk pirinç ve çiğ balıkla hazırlanan özel bir yemektir. Nerede satıldığını görebiliyor musun?

Başkalarına nezle bulaştırmamak için maske takan altı kişi bul.

Sokaktan yiyecek satın alabilirsin. Izgara piliç satan bir tezgâh bul.

Japonlar merhaba, hoşça kal ya da teşekkürler demek için öne doğru eğilerek selam verirler. Böyle selamlaşan on dört kişi bul.

Japonya'daki bu telaşlı insanlarla dolu, gürültülü şehrin ortasına geldin. Hava kararmaya başladığından ışıklar yandı. Baktığın her yerde bir insan seli var. Bazıları akşamı dışarda geçiriyor, diğerleri de eve koşturuyorlar.

Otomat makinelerinde dergi, bilet, erişte ve içecek gibi her tür şey satılır. Yedi tane bul.

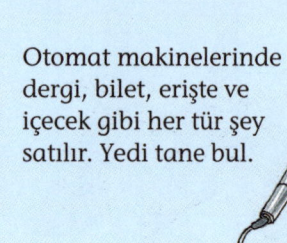

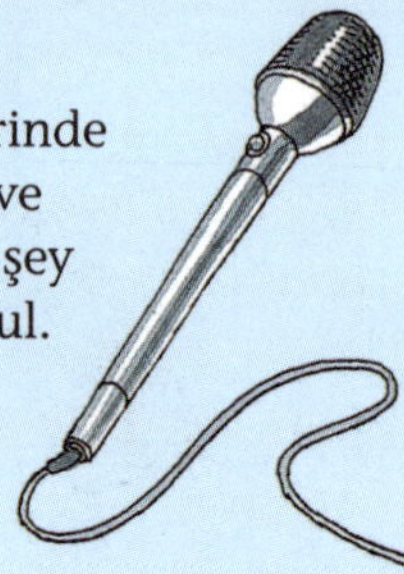

Bir karaoke barda arka planda teypten müzik çalınırken bir mikrofonla şarkı söyleyebilirsin. Bir tane bul.

Mikrofon

Sumo güreşçileri, müsabakaları kazanmak için iri ve güçlü olmalıdır.

12

HEDİYE KONTROL LİSTESİ

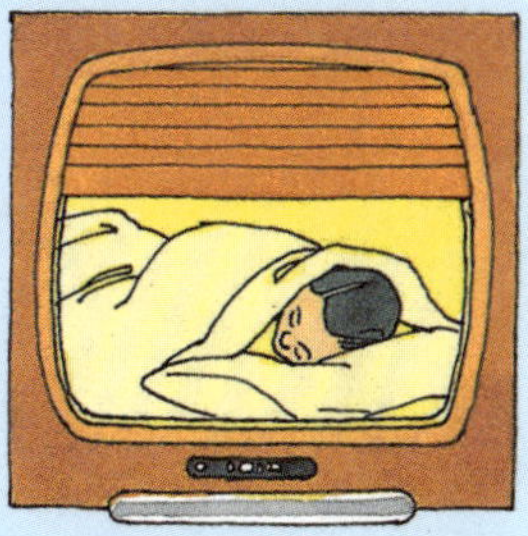

Kapsül otellerde odalar yerine ufak kabinler var. Kabinde uyuyan birini göster.

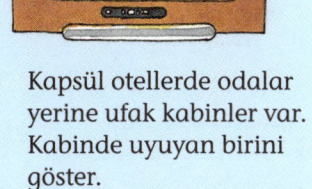

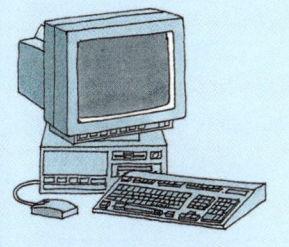

Burada her türden elektronik donanımı satın alabilirsin. Bilgisayar satan bir yer bul.

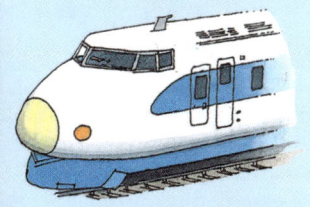

Mermi tren denilen çok süratli trenlerin burunları sivridir. Üç tane göster.

Geleneksel bir restoranda alçak masalarda, zemindeki hasırların üzerinde yemek yenir. Bir tane göster.

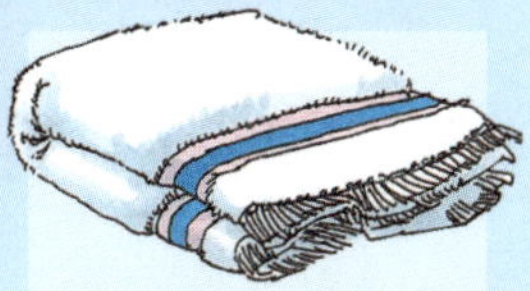

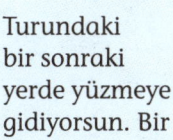

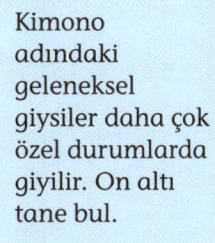

Turundaki bir sonraki yerde yüzmeye gidiyorsun. Bir havlu bul.

Kimono adındaki geleneksel giysiler daha çok özel durumlarda giyilir. On altı tane bul.

İnsanlar tapınaklarda ve mabetlerde ibadet eder. Her birinden bir tane bulabilir misin?

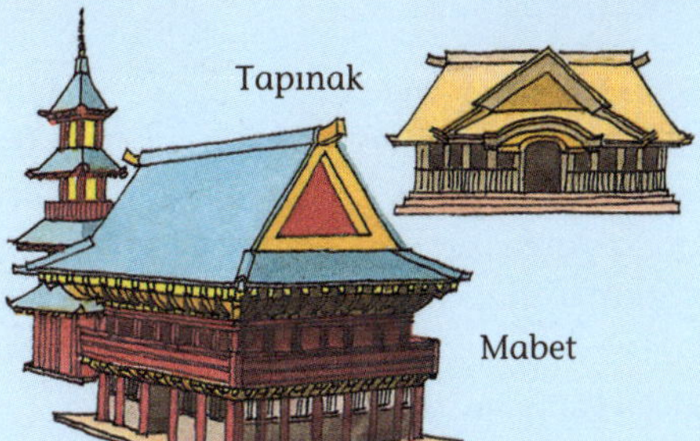

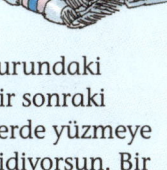

Tapınak

Mabet

İZLANDA...17:30...9°C/48°F...BULUTLU

Büyük Hala Marigold kitap okumaya çalışıyor. Nerede olduğunu görebiliyor musun?

HAVUZDA

Civar sahillerde her türden kuş yuva yapıyor. Yirmi yetişkin ördek bul.

Oyuncak köpekbalığı

Şişme yatak

Çoğu kişinin gelme sebebi gevşeyip suda eğlenmek. Bunların her birinden yedi tane bul.

Şamandıralar suyun yüzmek için nerelerde çok sıcak olduğunu ve nerelerde çok sığ olduğunu gösterir. Yirmi tane bul.

Havuzun yanındaki bir elektrik santrali kaynar suyun buharını kullanıyor. Buhar üfleyen beş baca bulabilir misin?

Mavi Lagün adlı bu havuzda suda oynayarak hoş vakit geçirebilirsin. Sıcak, tuzlu su yeraltından geliyor. Civarda köpüklü çamur havuzları ve havaya buhar ve kaynar su püskürten membalar var.

Ata binmek

Bu bölgede yapacak çok sayıda etkinlik var. Ata binen ve doğa yürüyüşü yapan kişileri bul.

Doğa yürüyüşü

Mavi Lagün Kliniği'nde doktorlar cilt sorunları olanları tedavi ediyor. Hiç doktor görebiliyor musun?

Burada cilt bakım ürünleri satılıyor. Birkaç tüp yüz kremi satın almış birini bul.

14

HEDİYE KONTROL LİSTESİ

Arazi araçları İzlanda'nın engebeli yollarına uygun. Sekiz tane bul.

Bu yemek tepsilerinde köpekbalığı, karides ya da somon balığı gibi İzlanda balıkları var. Yirmi bir tane bul.

Kıyafetlerini bırakabileceğin soyunma odaları var. Kadınlar için olanı bul.

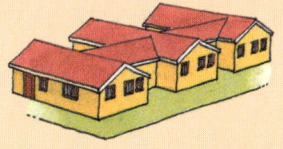

Mavi Lagün Oteli'nde kalabilirsin. Çok sayıda valizle gelen adamı bul.

Şimdi bir gemiye bineceksin. Hastalanma ihtimaline karşın deniz tutması için ilaç bul.

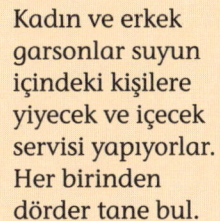

Kadın ve erkek garsonlar suyun içindeki kişilere yiyecek ve içecek servisi yapıyorlar. Her birinden dörder tane bul.

Hem suyun hem de havuz dibindeki çamurun cilde iyi geldiği söyleniyor. Yüzünde çamur olan on beş kişi bul.

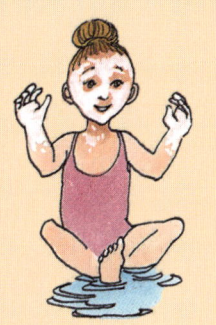

ANTARKTİKA...11:30...0°C/32°F...KARLI

BUZ DİYARI

Büyük Hala Marigold iyice sarıp sarmalanmış. Onu görebiliyor musun?

Kara ve denizin neredeyse sürekli buz kesmiş olduğu soğuk, rüzgârlı Antarktika'ya geldin. Yunusları izleyebilir ve penguenlerin fotoğraflarını çekebilirsin ama hayvanları rahatsız etmemeli ya da buz evlerini bozmamalısın.

Albatroslar suyun üstünde süzülüp yiyecek arıyor. Üç tane albatros bul.

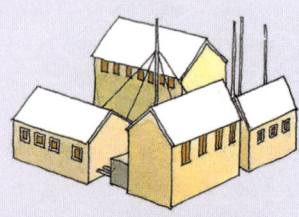

Burada sürekli yaşayan hiç kimse yok ama bilim insanları araştırma istasyonunda kalıyorlar. Bu istasyonu bul.

Katil balinalar bazen fokları buz parçalarının üzerinden düşürerek avlar. Dört tane bul.

Kale

Piramit

Yunan tapınağı

Buzdağları, denizde yüzen dev buz kütleleridir. Bu şekillerdeki buzdağlarını bulabilir misin?

Suyun yüzeyinde "yunuslama"

Buzda kayma

Penguenler uçamaz ama başka hızlı gitme yöntemleri vardır. Bunların her birini yapan on iki penguen bul.

Bilim insanları, hayvanları izlemek ve fotoğraf çekmek için buzlu suya dalıyorlar. Yedi dalgıç bul.

Yengeçyiyen fok. On iki tane bul.

16

HEDİYE KONTROL LİSTESİ

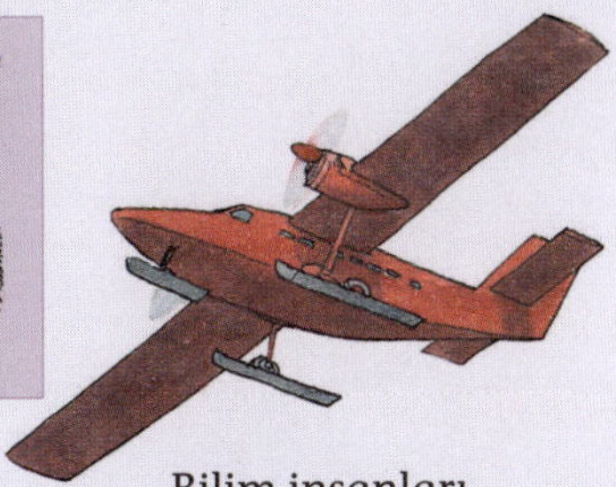

Bilim insanları çok uzak yerlerde araştırma yapmak için küçük uçaklarla giderler. Üç tane küçük uçak bul.

Bir tane kambur balina bul.

Dingi isimli küçük botlar buzlu denizde ilerlemeye uygun. Sekiz tane bul.

Leopar fokları vahşidir. İki tane bulabilir misin?

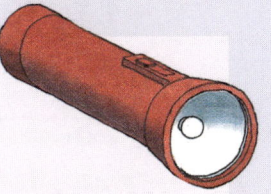

Şimdi loş bir yere gideceksin. Görmene yardımcı olması için bir el feneri bul.

Araştırma gemileri bilim insanlarını ve ekipmanlarını taşır. Yolcu gemileri turist taşır. Her birinden bir tane bul.

Araştırma gemisi

Yolcu gemisi

Bilim insanları bazı büyük hayvanların nasıl yaşadığıyla ilgili bilgileri kaydetmek için onlara uydudan takip edilebilen çip yerleştirir... İki tane takip cihazı bul.

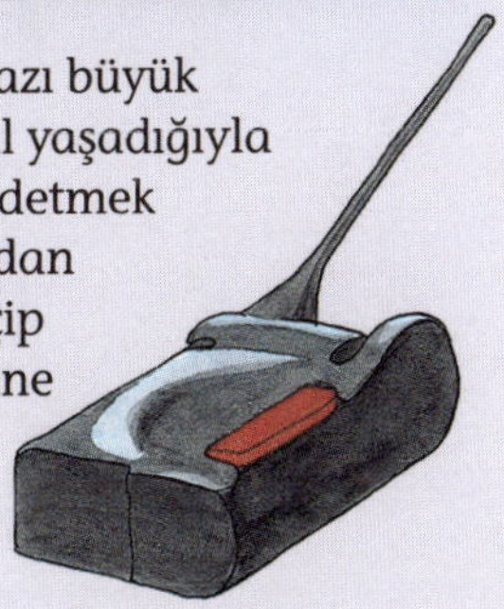

TRİNİDAD...18:30...29°C/84°F...GÜNEŞLİ

KARNAVAL!

Karnavala tam zamanında geldin. Yüzlerce kişi caddede büyük gruplar halinde geçiş töreni düzenlemiş... Sadece onların geçişlerini izleyerek eğlenebilirsin ama müzik o kadar canlı ki dans etmeye başlaman kaçınılmaz.

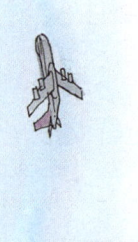

HEDİYE KONTROL LİSTESİ

Çoğu kostüm çok pahalıya mal olur ve dikilmesi aylar sürer. Bu muhteşem kostümü bul.

Polis güvenliği sağlar. On polis memuru bul.

Bazı müzisyenler süslü arabalarla gezerler. Bu arabalardan üç tane bul.

Büyük Hala Marigold kalabalıkta dans ediyor. Onu görebiliyor musun?

Sualtı

Sirk

İnkalar

Uçan hayvanlar

İspanyol dansı

Her grubun bir teması var ve grup üyelerinin kostümleri bu temayı yansıtıyor. Bu temalardaki grupları bul.

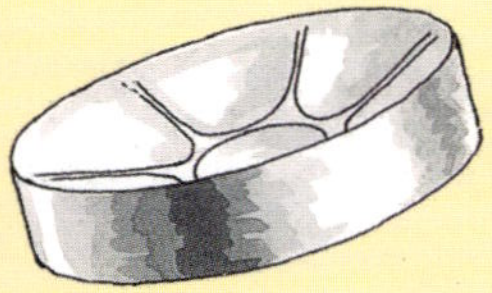

Bu metal davula "pan" deniyor. On sekiz tane bul.

Moko Jumbie

Burroquite

Jab Molassi

Bazı geleneksel karakterler her yıl buradadır. Bunları bul.

Şimdi çok alışveriş yapacaksın. Ne harcadığını hesaplamak için bir hesap makinesi bul.

Trinidad'da mango ve ananas gibi lezzetli tropik meyveler yetişiyor. Bir meyve tezgâhı bul.

Kalipso denen karnaval şarkıları coşkuludur ve bu şarkılarla dans etmek güzeldir. Mikrofonla şarkı söyleyen iki kişi bul.

Hindistancevizi satıcısı suyunu içebilmen ve yumuşak, beyaz kısmını kaşıklayabilmen için meyvenin en üstünü keser. Bu satıcıyı bul.

Bardak meyve şerbeti

Koçan mısır

Roti denen bir ekmek çeşidi

Bu atıştırmalık yiyecekler nerede satılıyor görebiliyor musun?

Hakemler en güzel müziğin ve kostümlerin hangi grupta olduğuna karar verirler. Hakem gibi davranan birini bul.

19

FAS...11:00...26°C/78°F... GÜNEŞLİ

Büyük Hala Marigold türlü türlü şeyler satın alıyor. Onu görebiliyor musun?

LOŞ ARAP PAZARI

Nane, safran gibi otlar ve baharatlar muhteşem görünüyor ve kokuyor. Bunların nerede satıldıklarını bul.

Ut

Tef

Pazarda sık sık müzik sesi duyabilirsiniz. Bu müzik aletlerini bul.

Yün, kilim yapmak için boyanır ve kurutmak için asılır. Yün yığını taşıyan üç kişi bul.

Hurmalar çölde, hurma ağaçlarında yetişir. Hurma satılan bir yer görebiliyor musun?

Suuk denilen işlek bir Fas pazarının tam ortasına geldin. Burada birçok sıra dışı şey satılıyor. Loş geçitlerde yürüyüp tüm ilgi çekici manzaraları görebilir, kokuları ve sesleri duyabilirsin.

Çinili kaplar

Bakır tepsiler

Hasır sepetler

Çarık denilen deri terlikler

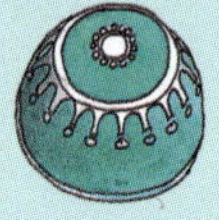

İşlemeli fesler

Çok hoş el yapımı parçalar satın alabilir, hatta bazılarını yapılırken görebilirsin. Bunların nerede satıldığını bul.

Burada yüzyıllardır binicilik yapılıyor. Satılık iki eyer bul.

20

HEDİYE KONTROL LİSTESİ

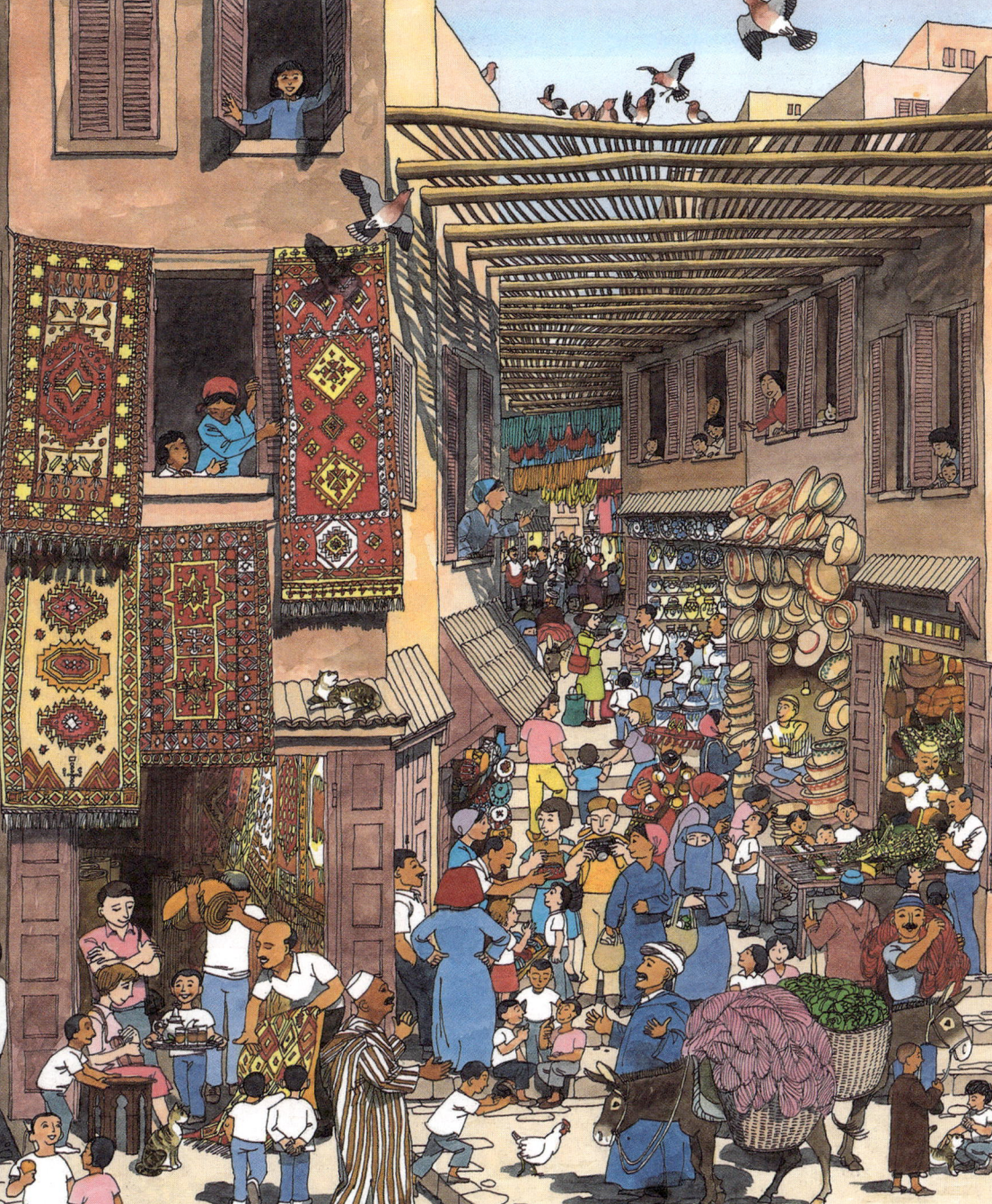

Sucular, susayanlara bardak bardak su satarak dolaşıyor. Dört tane sucu bul.

Pazarda hayvan satışı da var. Dokuz tavuk bul.

İnsanlar bir şeylerin fiyatları üzerine tartışıyor. Bu kilim için pazarlık yapan iki kişiyi bul.

Zeytinlerin dev küfelerde satıldığı yerleri bulabilir misin?

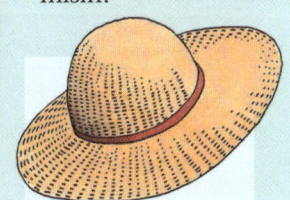

Bir sonraki yerde sıcak güneşin altında oturabilirsin. Giymek için siperlikli bir şapka bul.

Sen ne alacağını düşünürken pazarcı sana sıcak bir bardak nane çayı ikram edebilir. Yedi bardak nane çayı bul.

Kadınlar göz, dudak ve yanak makyajları için pudra ve onları koyacak sedir ağacından kaplar satın alırlar. Bunlardan on iki tane bul.

Pudra şişeleri

Sedir ağacı kap

ABD...16:00...21°C/70°F...KLİMALI

Büyük Hala Marigold birçok şey satın aldı. Onu bulabilir misin?

ALIŞVERİŞ MERKEZİNDE

Yorulanların oturabileceği birçok bank var. Sekiz tane bul.

Danışma masasında aradığın şeyi bulmana yardım edecekler. Masayı görebiliyor musun?

Alışveriş merkezi öyle büyük ki insan kolayca kaybolabilir. Annesini kaybetmiş bir çocuk bul.

Saçlarını bir kuaför salonunda yıkatabilir ve kestirebilirsin. Salonu görebiliyor musun?

Bu büyük, işlek alışveriş merkezinde hiç dışarıya çıkmak zorunda kalmadan tüm alışverişini yapabilirsin. Alışveriş yapmak istemiyorsan yemek yiyebilir ya da bir şeyler içebilirsin. Alışveriş merkezine arkadaşlarıyla buluşup sohbet etmek için gelenler de olur. .

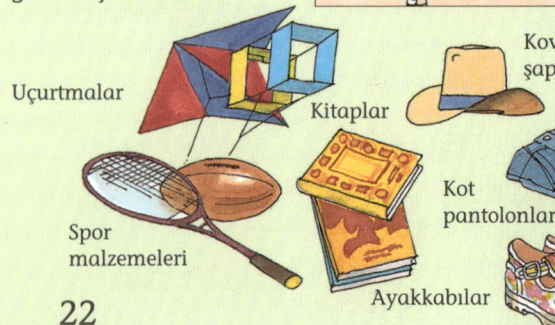

Uçurtmalar
Kitaplar
Spor malzemeleri
Kovboy şapkaları
Kot pantolonlar
Ayakkabılar
Çiçekler
Pastalar

Bunların nerelerde satıldıklarını bulabilir misin?

Gösteri yapan bir grup ponpon kızı bulabilir misin?

22

HEDİYE KONTROL LİSTESİ

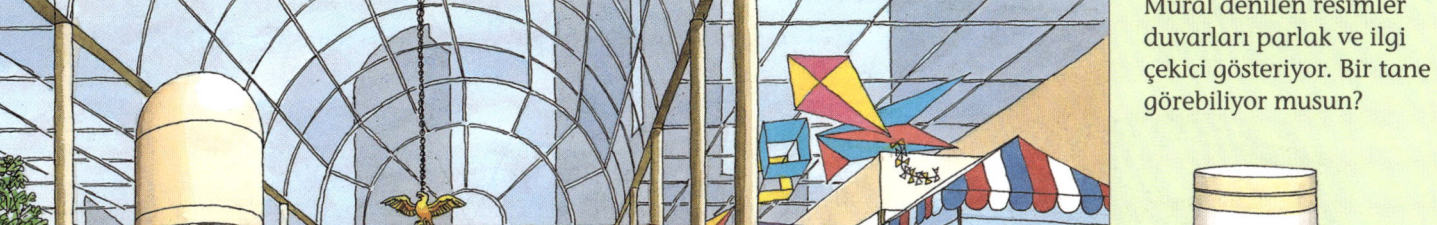

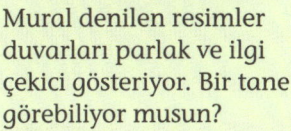

Mural denilen resimler duvarları parlak ve ilgi çekici gösteriyor. Bir tane görebiliyor musun?

Cam asansörle katlar arasında gezebilirsin. Bu asansörü bulabilir misin?

Beş telefon bul.

Güvenlik görevlileri alışveriş merkezinin güvenliğini sağlar. On tane güvenlik görevlisi bul.

Bir sonraki yerde otelde kalabilirsin. Eşyalarını koymak için yeni bir bavul bul.

Burada birçok farklı yiyecek satın alabilirsin. İnsanların nerede yemek yediklerini görebiliyor musun?

Dondurma
Spagetti
Pizza

Heykeller, bitkiler ve fıskıyeler insana kendisini dışarıdaymış gibi hissettiriyor. Yirmi dört allı turna heykeli bul.

ALPLER...15:00...7°C/45°F...KARLI

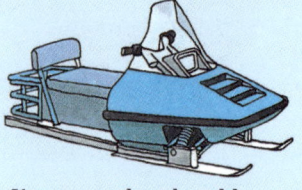

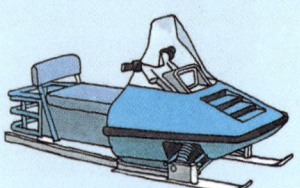

Büyük Hala Marigold çok iyi bir kayakçı değil. Nerede olduğunu görebiliyor musun?

KAYAĞA GİDİYORUZ

Kar motorları kızaklı küçük arabalardır. Beş tane bul.

Büyük koruma gözlükleri, gözlerini güneşten korur. Gözlüklerini kırmış birini görebiliyor musun?

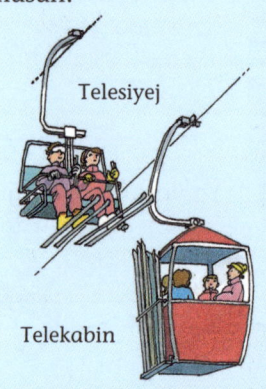

Telesiyej

Telekabin

Telesiyejler ve telekabinler seni dik yamaçların tepesine çıkarır. Bunlardan dörder tane bul.

Karda bir atlı kızakla gidebilirsin. Üç tane atlı kızak bul.

Bu kalabalık kayak merkezi, turundaki en hareketli yerlerden biri. Karlı yamaçlardan aşağı kayarken çok eğlenebilirsin. Yapacak başka spor türleri de var. Ama kimseye çarpmamaya dikkat et.

Henüz kayamayacak yaştaki çocuklar için anaokulu grupları var. Kardan adam yapan iki grup bul.

Kar kayakçıları iki kayak yerine tek bir geniş kayak kullanırlar. On tane bul.

Kar kayağı

Kendi kayağın yoksa kiralayabilirsin. Bir kayak kiralama dükkânı bul.

HEDİYE KONTROL LİSTESİ

Kayak paraşütçüleri dağlardan kayıp yere bir paraşüt yardımıyla süzülürler. Üç tane kayak paraşütçüsü bul.

Kayak eğitmeni denen öğretmenler, kayak dersi veriyorlar. İki tane kayak eğitmeni bul.

Yamaçlardan aşağı kızakla kayabilirsin. Dokuz tane kızak bul.

Hafif eğimlerde kayakçıyı yukarı bir kayak teleferiği çeker. Kayak teleferiğinde üç kişi bul.

Bir sonraki yerde çok alışveriş yapacaksın. Bu kullanışlı alışveriş çantasını bul.

Bazıları dağ tırmanışına gidiyor. Buz çekici olan üç dağcı bul.

Buz çekici

Donmuş göllerde paten kayabilir ve spor yapabilirsin. Patenli otuz kişi bul.

Gökyüzünde yelkenkanatçılar var. Üç tane bul.

DOĞU AFRİKA...14:00...30°C/86°F...GÜNEŞLİ

SAFARİDE

Büyük Hala Marigold fotoğraf çekmek üzere. Onu görebiliyor musun?

Akbabalar bir hayvan ölüsü fark ettiklerinde yemek için yere inerler. On dört akbaba bulabilir misin?

Babunlar birlik adı verilen gruplar halinde yaşar. Bebeklere hep beraber bakarlar. Yirmi üç tane babun bul.

Baobab ağaçları gövdelerinde çok miktarda su depolar. İki tane bul.

Çitalar diğer hayvanları kovalamadan önce onlara sessizce yaklaşır. Beş tane bul.

Agama kertenkeleleri otlarda ya da kayalıklarda hızla ilerler. Üç tane bul.

Burada açık havada, sıcak ve kurak Afrika düzlüklerindesin. Hayvanları izleyebileceğin "safari" denen heyecanlı yolculukta diğer birçok kişiyle bir aradasın. Bir yerde bu kadar çok şaşırtıcı hayvanın olması inanılır gibi değil.

Sıcak hava balonu
Otobüs
Kamyonet

Safaride farklı yollarla seyahat edebilirsin. Bunların her birinden üç tane bul.

Devekuşları dünyanın en büyük kuşlarıdır. Uçamazlar ama çok hızlı koşabilirler. On beş tane bul.

Akkarınca denilen böcekler dev toprak tümseklerinin içine yuva yapar. Dört akkarınca tümseği bul.

26

HEDİYE KONTROL LİSTESİ

Dokumacı kuşları ot parçalarından karmaşık yuvalar yapar. On tane bul.

Aslanlar gölgede uzanmayı sever. Dokuz tane bulabilir misin?

Zebra

Thomson ceylanı

Afrika antilobu

Bu hayvanlar neredeyse bütün gün otlar. Her birinden on beş tane bul.

Bilim insanları vahşi yaşamı araştırmak için buraya gelirler. Dört tane bulabilir misin?

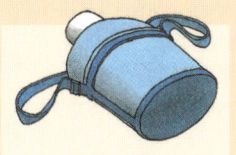

Şimdi daha da kurak bir yere gidiyorsun. Yanına almak için bir şişe su bul.

Vahşi köpekler sürü denilen gruplar halinde avlanır. Dokuz tane bul.

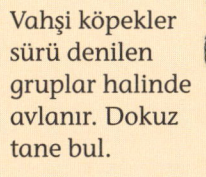

Filler o kadar büyüktür ki çok yemeleri gerekir. On yedi tane bul.

Zürafaların suya erişmek için çok eğilmeleri gerekir. On üç tane bul.

ÇİN...14:30...8°C/46°F... BULUTLU

Büyük Hala Marigold yeni arkadaşlar ediniyor. Onu görebiliyor musun?

KASABA HAYATI

Yeni Yıl'da bazı kimseler giyinip kuşanır ve caddede bir geçit töreni düzenlerler. Bir ejderha kostümü bul.

Domuzlar

Ördekler

Pazara götürülmekte olan bu hayvanları görebiliyor musun?

Çin'de buharlı trenlerin yanı sıra daha yeni dizel ya da elektrikli trenler de var. Bir buharlı tren bul.

Çinlilerin çoğu çiftçidir. Çeltik tarlalarında pirinç yetiştiren on çiftçi bul.

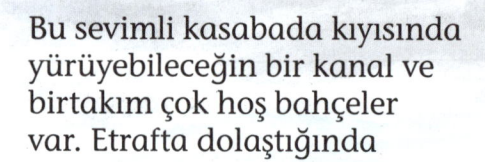

Bu sevimli kasabada kıyısında yürüyebileceğin bir kanal ve birtakım çok hoş bahçeler var. Etrafta dolaştığında insanların Yeni Yıl Festivali'ne hazırlandıklarını göreceksin. Hediye alışverişi ve süslemeler yapıyorlar.

Çay, Çin'in birçok bölgesinde yetişir ve sevilen bir içecektir. Satılık birkaç tane çay demliği bul.

Kasabada birçok kişi bisikletle dolaşır. Yirmi kişi bul.

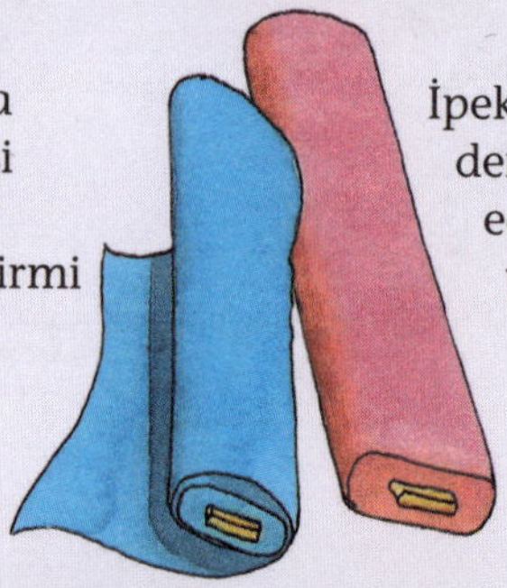

İpek ip, ipekböceği denilen tırtıldan elde edilir. İnsanlar ondan yumuşak bir kumaş dokurlar. Birkaç tane ipek kumaş rulosu bul.

28

Pandalar çok ender bulunan hayvanlardır. Vahşi pandalar sadece Çin'de yaşar. Bir oyuncak panda bul.

Bazıları kuş besler. Yedi tane kuş kafesi bul.

T'ai chi denilen egzersizleri yapan bir grup insan bul.

Birçok şey bambudan yapılmıştır. Üç tane bambu bebek arabası bulabilir misin?

Üç uçurtma bul.

Bir sonraki yerde çok fazla kar olacak. Yolu açmak için bir kürek bul.

Pagoda, bir tür uzun kuledir. Genelde bir tapınağın parçasıdır. Görebildiğin bir kule var mı?

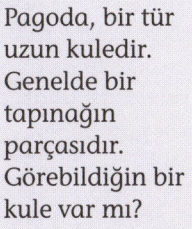

Omuzlarının üzerindeki bir sırıktan sarkan sepetlerde bir şeyler taşıyan dokuz kişi bul.

AMAZON...10:00...24°C/75°F...YAĞMURLU

Büyük Hala Marigold gölgede oturuyor. Bul onu.

ORMAN HALKI

Ashaninkalar nehirde kanolarla gidip gelirler. Kanolarından balık da tutarlar. Dokuz tane bul.

Amazon Nehri'nde kürek çektin ve sıcak, rutubetli yağmur ormanının tam ortasındasın. Burada yaşayan insanlara Ashaninka deniyor. Ormandan bitkiler toplarlar, yemek için hayvan avlarlar ve kendi mahsullerini yetiştirirler.

İnsanlar annatto bitkisinin tohumlarından elde edilen kırmızı boyayla yüzlerini boyuyorlar. Kolları annatto tohumlarıyla dolu bir kız bul.

Anneler bebeklerini genelde askıyla taşırlar. Askıda taşınan dokuz bebek bul.

Ormanda birçok güzel kuş yaşıyor. Bazıları evcil hayvan olarak besleniyor. Evcil papağanı olan bir kız bul.

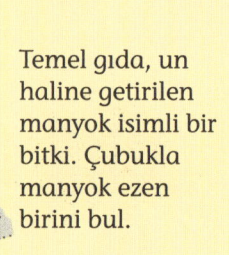

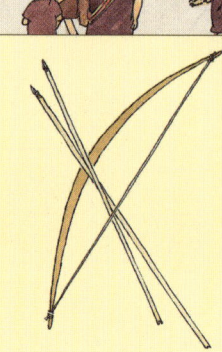

Temel gıda, un haline getirilen manyok isimli bir bitki. Çubukla manyok ezen birini bul.

Erkekler ok ve yayla avlanmaya giderler. On bir yay bul.

Büyük saz çatılar, palmiye yapraklarından yapılır. Çatı onaran birini görebiliyor musun?

30

HEDİYE KONTROL LİSTESİ

Kırmızı uluyan maymun aileleri ormanda yaşar. On sekiz maymun bul.

İnsanlar hamaklarda uyuyor. Yedi kişi bulabilir misin?

Ağaç; ev, merdiven, kano, silah ve araç yapımında kullanılıyor. Ağaç kesen birini bul.

Çocuklar kuşları sapanla vuruyor. İki çocuk bul.

Şimdi büyük bir partiye gidiyorsun. Takmak için kuş tüyünden bir boyun süsü bul.

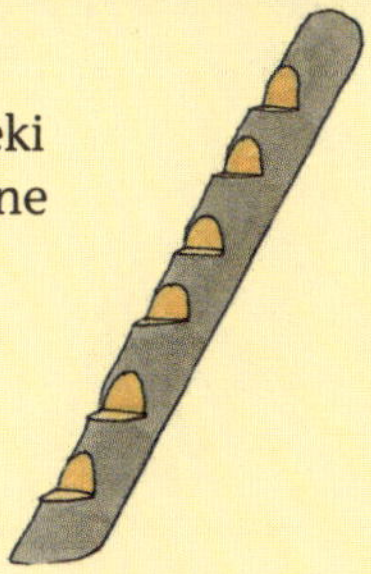

Evler zemindeki kazıklar üzerine inşa edilir ve insanlar eve merdivenle çıkarlar. İki merdiven bul.

Ashaninkalar giysi, hamak ve askı yapmak için pamuk yetiştirirler. Bunların her birini yapan iki kişi bul.

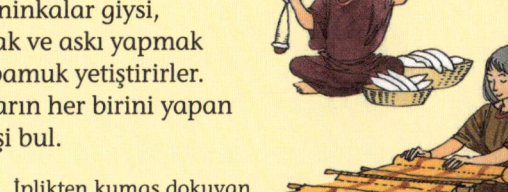

İplik eğiren

İplikten kumaş dokuyan

YUNANİSTAN...13.00...27°C/80°F...GÜNEŞLİ

ADA HAYATI

Büyük Hala Marigold adayı keşfetmekle meşgul. Nerede olduğunu görebiliyor musun?

Eşekler yük taşımak için kullanılıyor. Sekiz tane bul.

Modern saksılar antik Yunan saksılarına benzetilmeye çalışılmış. Bunun gibi altı büyük saksı bul.

Bu müzik aleti bir buzuki. Sekiz tane bulabilir misin?

Yoğurt ve salatalık.

Yaprak dolması

Yunan salatası

Restoranlar leziz yiyecekler sunuyor. Bu yemekleri yiyenleri bul.

Kiliselerin çatıları genelde kubbeli. Üç tane bul.

Bu güzel adaya bir süreliğine uğramak heyecan verici görünüyor. Dolambaçlı ara sokakları keşfedebilir ya da tepedeki eski kaleye çıkabilirsin. Bazıları bu adada yaşıyor, bazılarıysa sadece ziyaretçi.

Kadınlar dantel örer ve nakış işler. Evlerini bunlarla süslerler. Dantel ören ya da nakış işleyen on kadın bul.

Deri çantalar

Kolyeler

Kartpostallar

Bunların nerelerde satıldığını görebiliyor musun?

Kediler caddelerde ve çatılarda dolanır. Güneşte uyumayı sever. On iki tane bul.

32

HEDİYE KONTROL LİSTESİ

Harabeleri ziyaret ederek Yunan tarihi hakkında bilgi edinebilirsin. Birkaç tane harabe bul.

Adadan sadece tekneye binerek gidebilirsin. Kürekli beş küçük sandal bulabilir misin?

Akdeniz fokları o kadar nadirdir ki pek görülmezler. İki tane bulabilir misin?

Kepenkler kapatıldığında evi serin tutar. Kırmızı kepenkli on bir pencere bul.

Bir sonraki yerde çok sayıda hayvan göreceksin. Bu hayvanları çizmek için bir bloknot ve boya kalemleri bul.

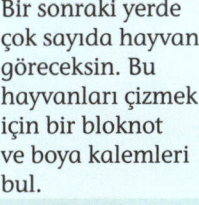

Birçok adalı balıkçılıktan para kazanır. Bunların her birinden dört tane bul.

Balıkçı teknesi

Balık küfeleri

Bu kişileri çalışırken bulabilir misin?

Kalaycı

Ayakkabıcı

Fırıncı

HİNDİSTAN...16:30...28°C/83°F...BULUTLU

SOKAKTA

Büyük Hala Marigold, trafikte sıkışıp kaldı. Onu görebiliyor musun?

Langur denilen maymunlar yiyecek bulmak için kasabada koşuşturuyor. Yirmi tane bulabilir misin?

Trenler genelde o kadar kalabalık olur ki insanlar trenin tepesine oturmak zorunda kalırlar. Bir tane bul.

Bisikletli çekçek

Motorlu çekçek

Çekçekler taksi olarak kullanılır. Bu türlerin her birinden sekiz tane bul.

"Selam" vermek için ellerini birleştirip başını eğersin. Selamlaşan on iki çift insan bul.

Bir Hint kasabasının koşuşturmasının tam ortasına geldin. Caddelerde tıkış tıkış trafik var ve çok kalabalık.

Burada çok sayıda zengin kişi yaşıyor ama diğer kimseler o kadar yoksul ki para için dilenmek zorundalar.

Eski kale kasabayı düşmanlardan korumak için yüzlerce yıl önce inşa edildi. Bu kaleyi görebiliyor musun?

Çay, bir kabın içinde süt ve şekerle birlikte kaynatılır. Genelde baharatlar da eklenir. Çaycıyı bul.

On altı karga bulabilir misin?

34

HEDİYE KONTROL LİSTESİ

Sinema çok seviliyor. Gösterimdeki filmin bu afişini bul.

Bu leziz şekerlemelerin nerede satıldığını görebiliyor musun?

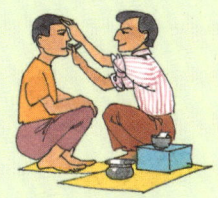

Sokak berberi insanları tıraş etmek için fazla para almıyor. Bul onu.

Puri, top gibi kabarana dek kızartılan bir ekmek türüdür. Puri kızartan bir adam bul.

Bir sonraki yerde zemin ıslak olabilir. Kaymamak için bir çift güverte ayakkabısı bul.

Hindular ibadet etmek için tapınaklara, Müslümanlar ise camilere giderler. Her birinden bir tane bul.

Tapınak

Cami

Hintlilerin çoğu Hindu'dur. İneklerin kutsal olduğuna inanır ve bu nedenle istedikleri yerde gezinmelerine izin verirler. Yedi inek bul.

SİBİRYA...12:30...-20°C/-4°F...KARLI

Büyük Hala Marigold, rengeyiğini beğendi. Onu görebiliyor musun?

RENGEYİĞİ YARIŞLARI

Layka denilen köpekler kızakları çekmekte kullanılır. Kalın kürkleri onları sıcak tutar. Otuz iki tane bul.

Balalayka

Akordeon

Müzisyenler yarışlarda insanları eğlendirir. Bu müzik aletlerinin her birinden altı tane bul.

İnsanlar yağ varillerini nehirden aldıkları buzla doldururlar. Sonra eritip su elde ederler. Yirmi tane varil bul.

Sibirya'ya ulaşmak çok zordur. Buraya genelde helikopterle gelirler. İki tane helikopter bulabilir misin?

Sibirya'nın kuzeyine kadar tüm o yolu katettin. Herkes uzun, soğuk kışın bitişini donmuş nehir üzerindeki rengeyiği yarışlarıyla kutluyor. Burada birçok kişinin rengeyiği sürüsü var. Rengeyiklerinin derilerinden sıcak tutan giysiler dikilir.

Bazı çobanlar yiyecek arayan rengeyiklerinin peşinden gider. Çum denilen çadırlarda yaşarlar. Üç tane bul.

Donmuş nehirlerden güzel buz pisti olur. Paten kayan on beş kişi bulabilir misin?

Sibirya'da çok büyük ormanlar vardır ve insanlar ahşaptan eşyalar yaparlar. Ağaç kesen üç kişi bul.

36

HEDİYE KONTROL LİSTESİ

Semaver çay yapmaya yarayan büyük metal bir demliktir. Görebildiğin bir semaver var mı?

Rengeyiği çobanları kemikten güzel şeyler oyarlar. Kemik oyan birini görebiliyor musun?

Vahşi ayılar, kurtlar, Kanada Geyiği ve samur civardaki ormanlarda yaşar. Bir oyuncak ayı bul.

Kayakla kaymak çoğu zaman karda yürümekten daha kolaydır. Kayaklı on kişi bul.

Kamyonetler buzlu zeminde daha iyi gider. Motorlu kızaklar daha kısa yolculuklarda kullanılır. Her birinden altı tane bul.

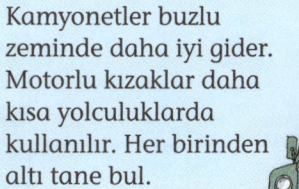

Motorlu kızak

Kamyonet

Rengeyikleri yarışlar için parlak kumaşlar ve koşum takımlarıyla giydirilir. Rengeyiğini giydiren bir kişi bul.

Bir sonraki yer soğuk ve karlı. Sıcak, kürklü bir kulaklık bul.

17:00...BÜYÜK DÜNYA TURUNUN SON AYAĞI

GEMİ YOLCULUĞU

Beyaz kürklü şapkasını denemekte olan Bay Choy'u bulabilir misin?

Görünen o ki Muffin, sarı minderini pek seviyor...Bak bakalım onu bulabilecek misin?

Nina bebek hapır hupur muz yiyor. Onu bulabilir misin?

Büyük Teyze Eva çiçekli boyun süsünü çok sevdi. Onun nerede olduğunu görebiliyor musun?

Rosie de tam resimli bir güneş şemsiyesi istiyordu. Onu görebiliyor musun?

Yolculuğun son durağı bu lüks yolcu gemisi. Burada yapılacak türlü etkinlik var. Büyük Hala Marigold bir süpriz yaparak tüm arkadaşlarını davet etmiş. Hediyelerini almış bu kişileri bulabilir misin?

Jack'i ve banyo tuzlarını görebiliyor musun?

Jo, yelpazesiyle serinliyor. Bul onu.

Mike Amca mavi dürbünüyle denize bakıyor. Onu bulabilir misin?

38

Büyük Amca Frank çikolatalarını yemeYe başladı bile. Nerede olduğunu görebiliyor musun?

Mimi Teyze paletleriyle eğleniyor. İyice bak bakalım onu bulabilecek misin?

Max birkaç arkadaşıyla oynamak için yeni tişörtünü giydi. Bul onu.

Birisiyle kil heykelciği hakkında sohbet etmekte olan doktor Parekh'i bul.

Beraber radyolarını dinlemekte olan ikizleri bul.

Çizgili eldivenlerini gösteren Sacha'yı bul.

Lennox, peynirini kemiriyor. Onu görebiliyor musun?

Bayan Choy aynasını pek sevmiş. Nerede olduğunu görebiliyor musun?

Sniff, benekli topuyla oynuyor. Bul onu.

Turun sona erdi! Büyük Hala Marigold'a "teşekkür" etmek için ona yeni bir elbise aldın. Bu elbiseyi giyen Büyük Hala'nı görebiliyor musun?

39

BÜYÜK DÜNYA TURU

Yaptığın turda izlemen gereken rotayı ve bir yerden ötekine nasıl gittiğini görmek için haritadaki rakamları takip et.

1 BAŞLA
18 BİTİR

1. Havaalanı (sayfa 4)
2. Çin (sayfa 28)
3. Sibirya (sayfa 36)
4. Alpler (sayfa 24)
5. Fas (sayfa 20)
6. Yunanistan (sayfa 32)
7. Doğu Afrika (sayfa 26)
8. Ortadoğu (sayfa 10)
9. Hindistan (sayfa 34)
10. Tayland (sayfa 6)
11. Japonya (sayfa 12)
12. Avustralya (sayfa 8)
13. Antarktika (sayfa 16)
14. Amazon (sayfa 30)
15. Trinidad (sayfa 18)
16. ABD (sayfa 22)
17. İzlanda (sayfa 14)
18. Yolcu gemisi (sayfa 38)

İLAVE BULMACA

Bu bulmacayı yapmak için kitabı tekrar gözden geçirmen gerekecek. Her çift sayfadaki bilgi şeritlerine bakmayı unutma. Takılırsan cevaplar 48. sayfada.

1. Ziyaret ettiğin en soğuk yer neresiydi?

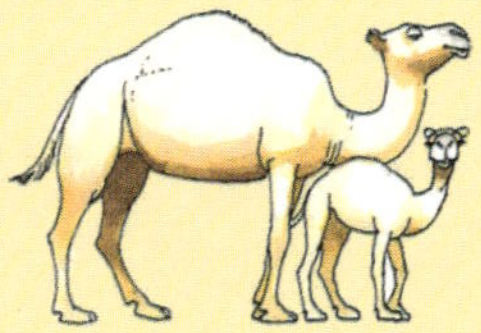

2. Ziyaret ettiğin en sıcak yer neresiydi?

3. En erken saat kaçta kalkmak zorunda kaldın?

4. Saat 15:30'da hangi yerdeydin?

5. Kaç tane karlı yer ziyaret ettin?

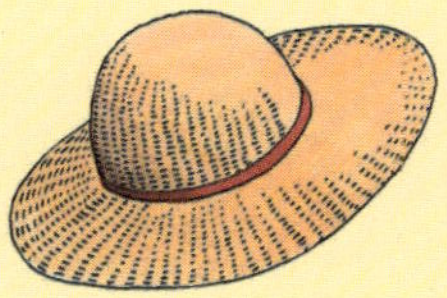

6. Kaç tane güneşli yer ziyaret ettin?

7. Bunların kaç tanesine bindin?

8. Bu binaların hangisi bir otel?
A. B. C. D. E. F.

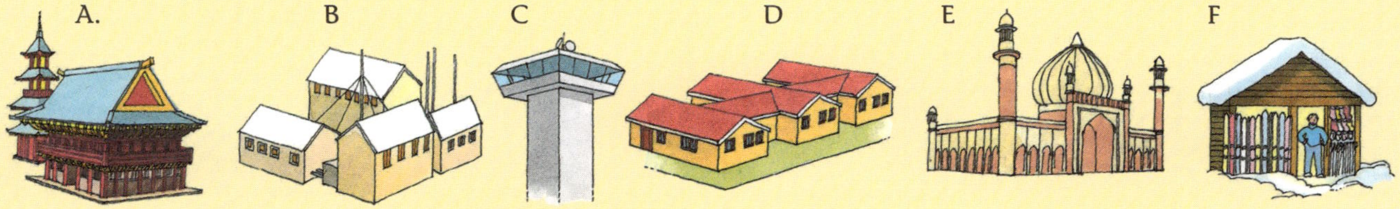

9. Bu kişilerin hangileri diğer kişilerin hayatlarını kurtarıyor?
A B C D E F G

10. Çölün ortasında bunların hangileri sana ikram edilebilir?
A B C D E F

11. Bu insanların hangileri güneşten korunmaya çalışıyor?
A B C D E F

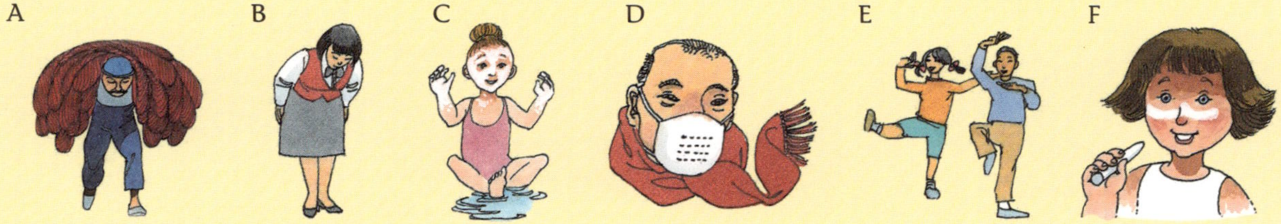

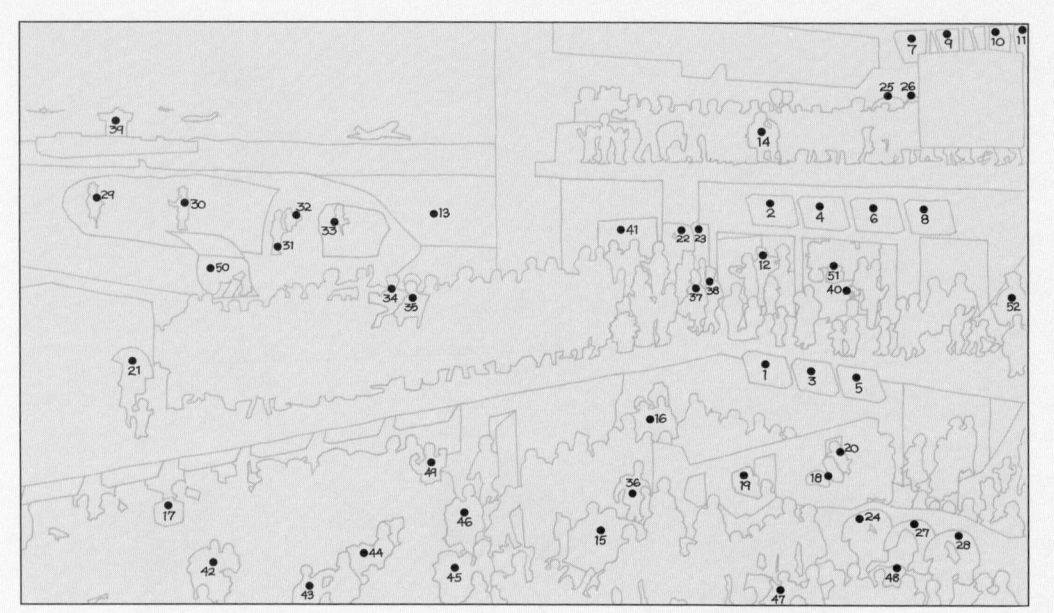

Havaalanında 4-5

Ekranlar 1 2 3 4 5 6 7 8 9 10 11
Güneş gözlükleri satın alan kişi 12
Körük 13
Yemek yiyen kişi 14
Küçük araçlar 15 16
Kedi 17
Aranan çanta 18
X-ray cihazındaki bıçak 19
Metal dedektöründen geçen kişi 20
Telefonlar 21 22 23 24 25 26 27 28
Uçuş görevlileri 29 30 31 32 33 34 35 36 37 38
Kontrol kulesi 39
Kırmızı bayrak 40
Döviz bürosu 41
El arabaları 42 43 44 45 46 47 48
Yırtık biletli kişi 49

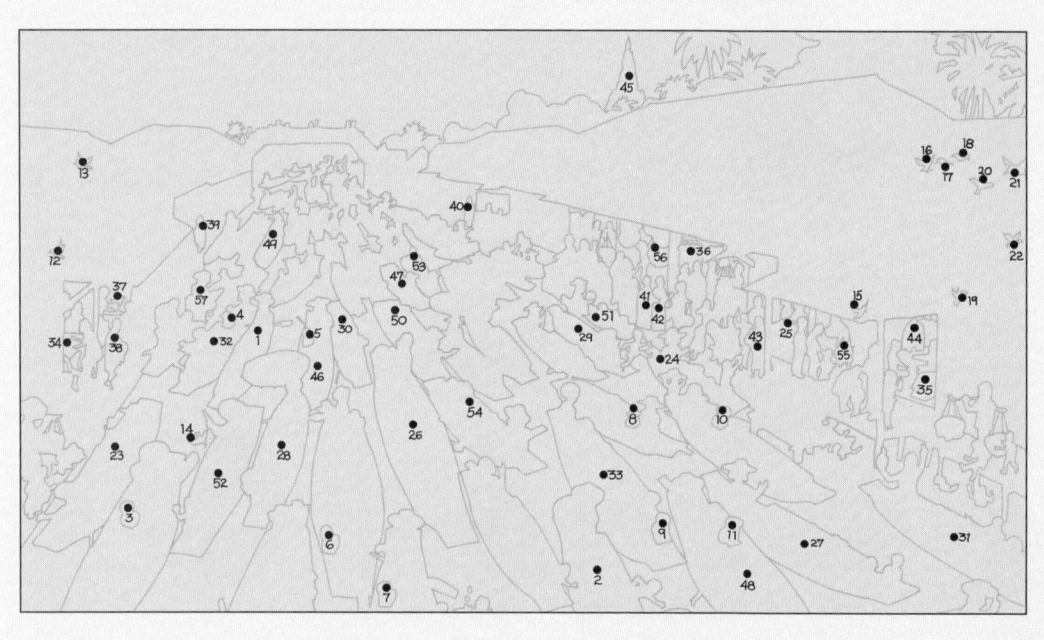

Yüzen Pazar 6-7

Şapka satılan tekneler 1 2
Teraziler 3 4 5 6 7 8 9 10 11
Mor boyunlu nektar kuşları 12 13 14 15 16 17 18 19 20 21 22
Pişmiş yemek satılan tekneler 23 24
Közlenmiş mısır satıcısı 25
Karpuz dolu tekneler 26 27
Hindistancevizi dolu tekneler 28 29
Ananas dolu tekneler 30 31
Misket limonu dolu tekneler 32 33
Ahşap masa 34
İşlemeli minderler 35
Gümüş kolyeler 36
Vernikli ördekler 37
Budist rahipler 38 39 40 41 42 43
İpek ceket 44
Budist tapınağı 45
Balık satılan tekneler 46 47 48
Kap kacakların satıldığı tekneler 49 50 51
Çiçek satılan tekneler 52 53 54
Oyuncak bebekler 55
Resimli güneş şemsiyesi 56
Büyük Hala Marigold 57

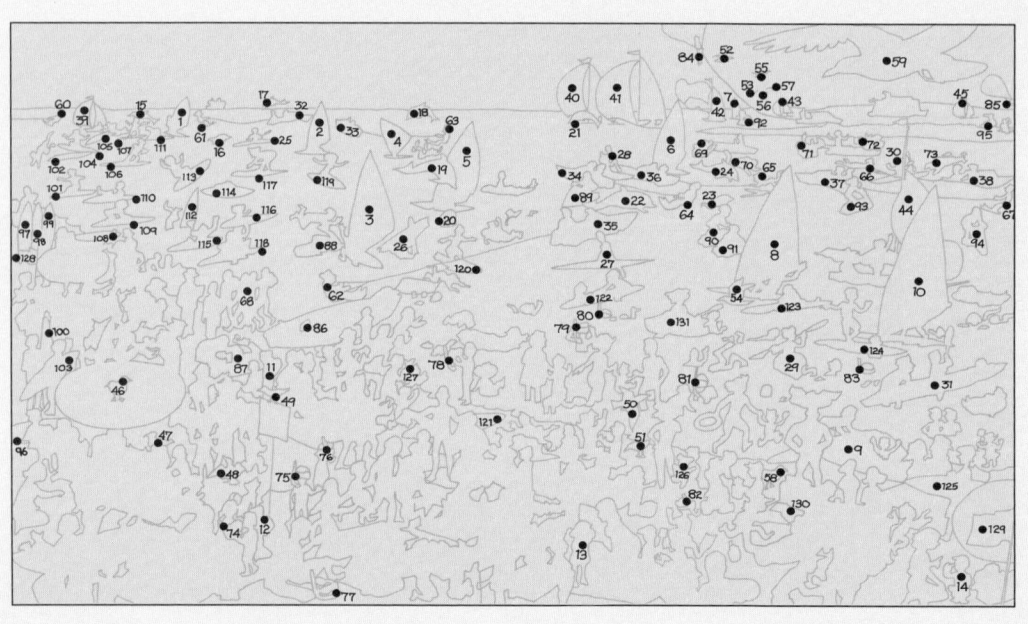

Plajda 8-9

Rüzgâr sörfü tahtaları 1 2 3 4 5 6 7 8 9 10
Güneş kremi süren kişiler 11 12 13 14
Yunuslar 15 16 17 18 19 20 21 22 23 24
Kanolar 25 26 27 28 29 30 31
Sürat tekneleri 32 33 34 35 36 37 38
Yelkenliler 39 40 41 42 43 44 45
Martılar 46 47 48 49 50 51 52 53 54 55 56 57 58 59
Su kayakçıları 60 61 62 63 64 65 66 67
Cankurtaran ekibi 68
Dalgıçlar 69 70 71 72 73
Şnorkeller 74 75 76 77 78 79 80 81 82 83
Deniz paraşütçüleri 84 85
Fotoğraf makinesi 86
Su motosikletleri 87 88 89 90 91 92 93 94 95
Sörf tahtaları 96 97 98 99 100 101 102 103 104 105 106 107 108 109 110 111 112 113 114 115 116 117 118 119 120 121 122 123 124 125
Oyuncak koala 126
Oyuncak kanguru 127
Bayraklar 128 129
Yeşil paletler 130
Büyük Hala Marigold 131

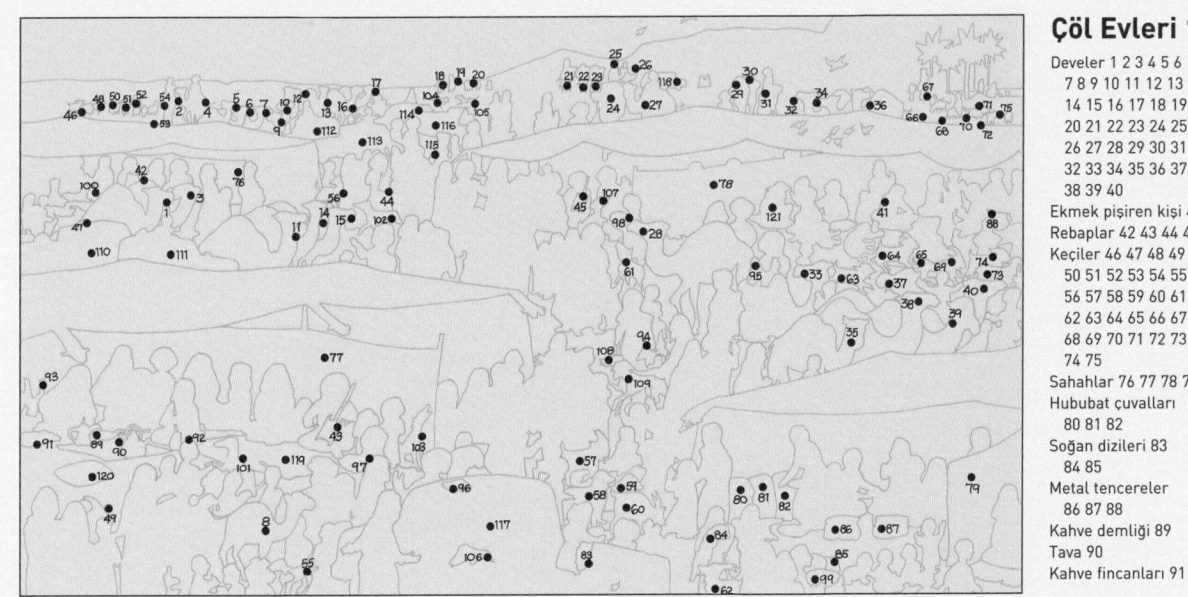

Çöl Evleri 10-11

Develer 1 2 3 4 5 6
7 8 9 10 11 12 13
14 15 16 17 18 19
20 21 22 23 24 25
26 27 28 29 30 31
32 33 34 35 36 37
38 39 40
Ekmek pişiren kişi 41
Rebaplar 42 43 44 45
Keçiler 46 47 48 49
50 51 52 53 54 55
56 57 58 59 60 61
62 63 64 65 66 67
68 69 70 71 72 73
74 75
Sahahlar 76 77 78 79
Hububat çuvalları
80 81 82
Soğan dizileri 83
84 85
Metal tencereler
86 87 88
Kahve demliği 89
Tava 90
Kahve fincanları 91
Havan ve tokmak 92
Deve eyerleri 93
94 95
Kitap 96
Deve sütü kâseleri
97 98 99
Saluki köpekleri
100 101 102 103
104 105 106 107
108 109
Kamyonlar 110 111
112 113 114 115
116 117 118
Kilim 119
Sarı minder 120
Büyük Hala Marigold
121

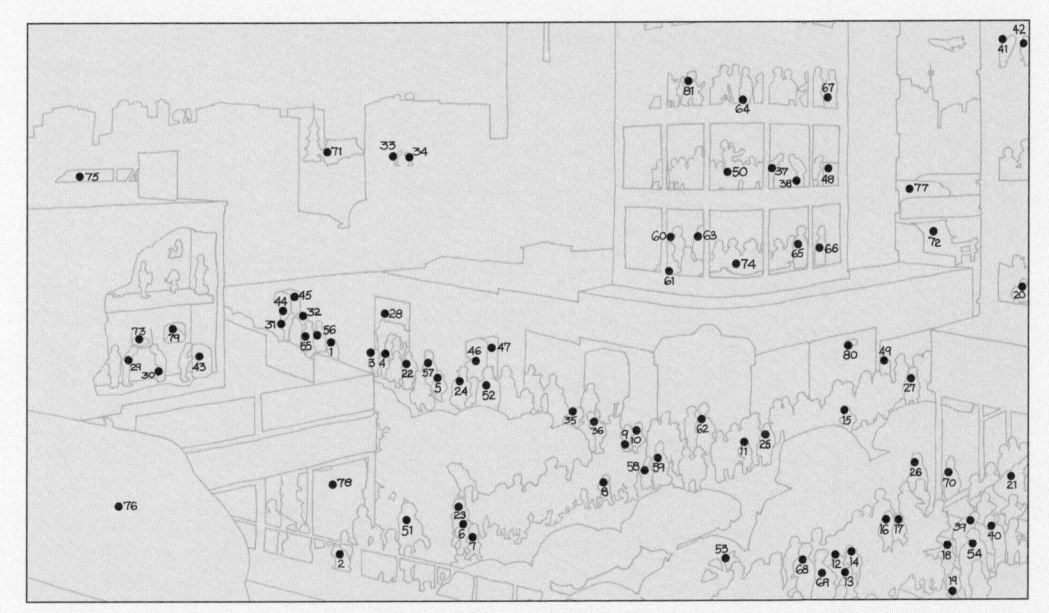

Şehir Işıkları 12-13

Okul çocukları 1 2
3 4 5 6 7 8 9 10
11 12 13 14 15 16
17 18 19 20
Satılık suşi 21
Maske takan kişiler
22 23 24 25 26 27
Piliç tezgâhı 28
Eğilerek selamlaşan
insanlar 29 30 31 32
33 34 35 36 37 38
39 40 41 42
Otomat makineleri
43 44 45 46 47 48
49
Karaoke bar 50
Sumo güreşçileri 51
52 53 54
Kimonolar 55 56 57
58 59 60 61 62 63
64 65 66 67 68 69
70
Tapınak 71
Mabet 72
Havlu 73
Geleneksel restoran
74
Mermi trenler 75 76
77
Bilgisayar satılan
yer 78
Uyuyan biri 79
Radyo 80
Büyük Hala Marigold
81

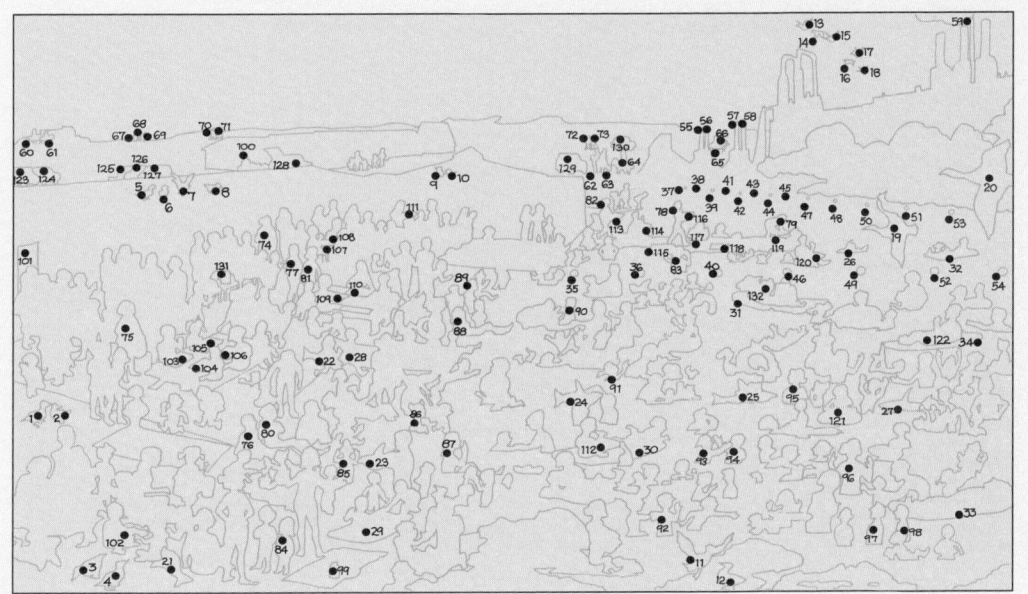

Havuzda 14-15

Yetişkin ördekler
1 2 3 4 5 6 7 8 9 10
11 12 13 14 15 16
17 18 19 20
Oyuncak
köpekbalıkları 21 22
23 24 25 26 27
Şişme yataklar 28
29 30 31 32 33
34
Şamandıralar 35 36
37 38 39 40 41 42
43 44 45 46 47 48
49 50 51 52 53 54
Buhar üfleyen bacalar
55 56 57 58 59
Ata binenler 60 61 62
63 64 65 66
Doğa yürüyüşü
yapanlar 67 68 69 70
71 72 73
Doktor 74
Yüz kremi satın almış
kişi 75
Erkek garsonlar 76
77 78 79
Kadın garsonlar 80
81 82 83
Yüzlerine çamur
sürmüş kişiler 84 85
86 87 88 89 90 91
92 93 94 95 96 97
98
Deniz tutmasına karşı
ilaçlar 99
Otele gelen adam 100
Kadınların soyunma
odası 101
Yemek tepsileri 102
103 104 105 106
107 108 109 110
111 112 113 114
115 116 117 118
119 120 121 122
Kamyonetler 123 124
125 126 127 128 129
130
Banyo tuzları 131
Büyük Hala Marigold
132

43

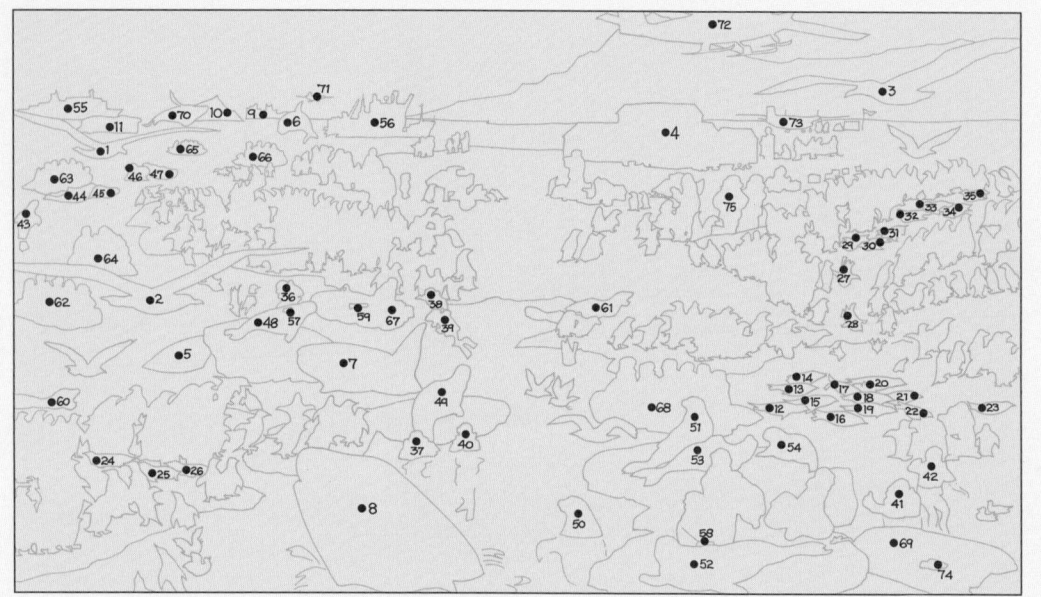

Buz Diyarı 16-17

Albatroslar 1 2 3
Araştırma istasyonu 4
Katil balinalar 5 6 7 8
Kale buzdağı 9
Piramit buzdağı 10
Yunan tapınağı buzdağı 11
Yunuslama giden penguenler 12 13 14 15 16 17 18 19 20 21 22 23
Buzda kayan penguenler 24 25 26 27 28 29 30 31 32 33 34 35
Dalgıçlar 36 37 38 39 40 41 42
Yengeç yiyen foklar 43 44 45 46 47 48 49 50 51 52 53 54
Yolcu gemisi 55
Araştırma gemisi 56
Uydu etiketleri 57 58
El feneri 59
Leopar fokları 60 61
Dingiler 62 63 64 65 66 67 68 69
Kambur balina 70
Uçaklar 71 72 73
Çizgili eldiven 74
Büyük Hala Marigold 75

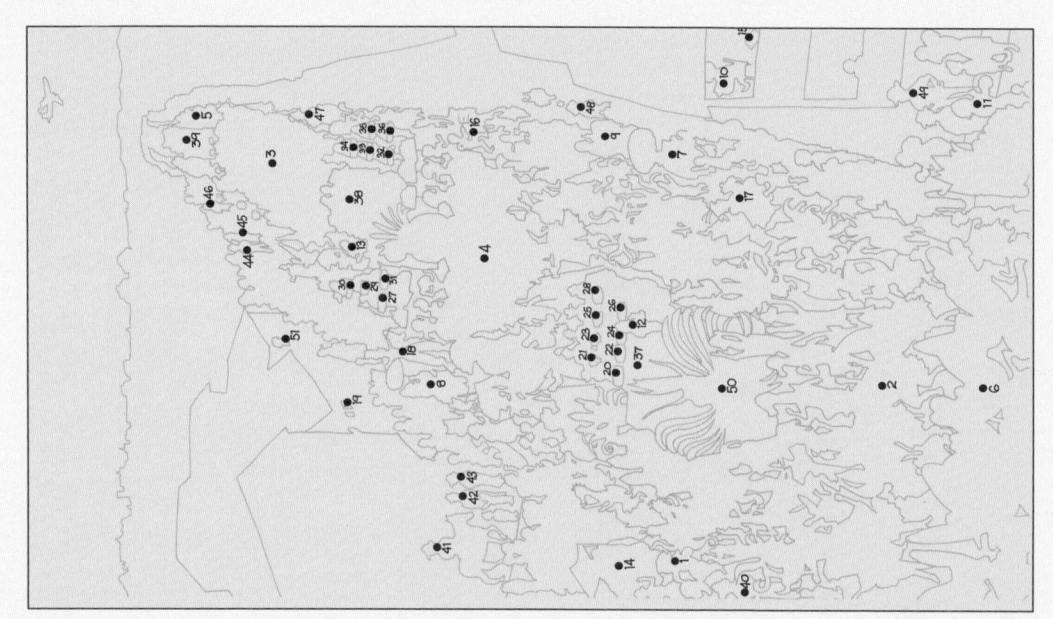

Karnaval! 18-19

Büyük Hala Marigold 1
Sualtı grubu 2
Sirk grubu 3
İnka grubu 4
İspanyol dans grubu 5
Uçan hayvanlar grubu 6
Meyve şerbeti 7
Koçan mısır 8
Roti 9
Hakem gibi davranan kişi 10
Hindistancevizi satıcısı 11
Şarkı söyleyen insanlar 12 13
Meyve tezgâhı 14
Hesap makinesi 15
Jab Molassi 16
Burroquite 17
Moko Jumbie 18
Panlar 19 20 21 22 23 24 25 26 27 28 29 30 31 32 33 34 35 36
Süslü arabalar 37 38 39
Polis memurları 40 41 42 43 44 45 46 47 48 49
Muhteşem kostüm 50
Tişört 51

Loş Arap Pazarı 20-21

Otlar ve baharatlar 1
Ut 2
Tef 3
Yün taşıyan kişiler 4 5 6
Satılık hurma 7
Bakır tepsiler 8
Çinili kaplar 9
Deri terlikler 10
Hasır sepetler 11
İşlemeli fesler 12
Eyerler 13 14
Nane çayı bardakları 15 16 17 18 19 20 21
Sedir ağacı kaplar 22 23 24 25 26 27 28 29 30 31 32 33
Siperlikli şapka 34
Zeytinler 35
Pazarlık yapan insanlar 36 37
Tavuklar 38 39 40 41 42 43 44 45 46
Su satıcıları 47 48 49 50
Ayna 51
Büyük Hala Marigold 52

44

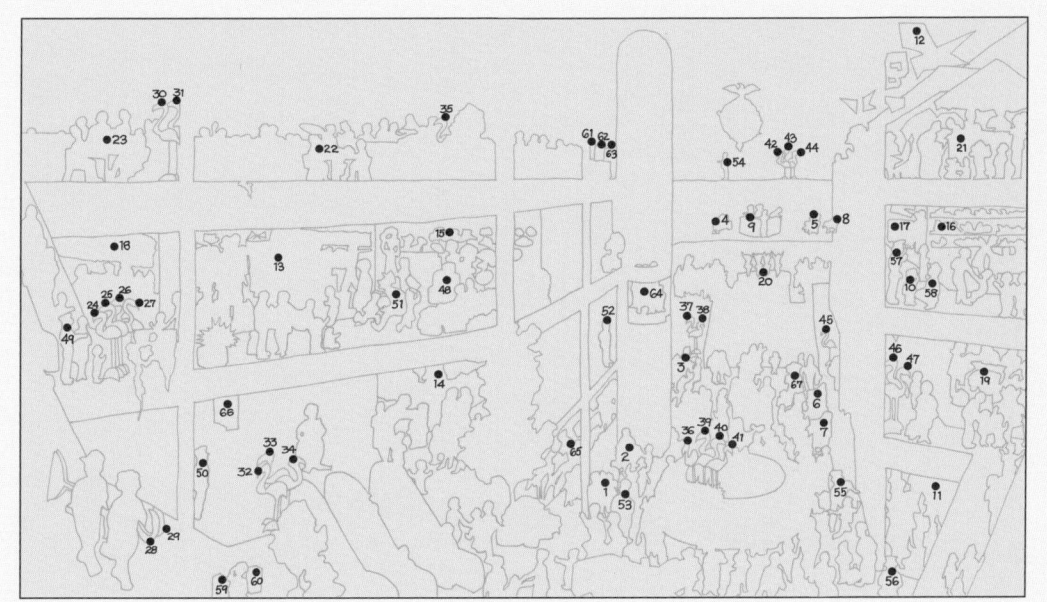

Alışveriş Merkezinde 22-23

Banklar 1 2 3 4 5
6 7 8
Danışma masası 9
Kayıp çocuk 10
Kuaför salonu 11
Uçurtmalar 12
Spor malzemeleri 13
Kitaplar 14
Kovboy şapkaları 15
Kot pantolonlar 16
Çiçekler 17
Pastalar 18 19
Amigolar grubu 20
Dondurma 21
Spagetti 22
Pizza 23
Flamingo heykelleri
24 25 26 27 28 29
30 31 32 33 34 35
36 37 38 39 40 41
42 43 44 45 46 47
Bavul 48
Güvenlik görevlileri
49 50 51 52 53 54
55 56 57 58
Telefonlar 59 60 61
62 63
Cam asansör 64
Mural 65
Benekli top 66
Büyük Hala Marigold
67

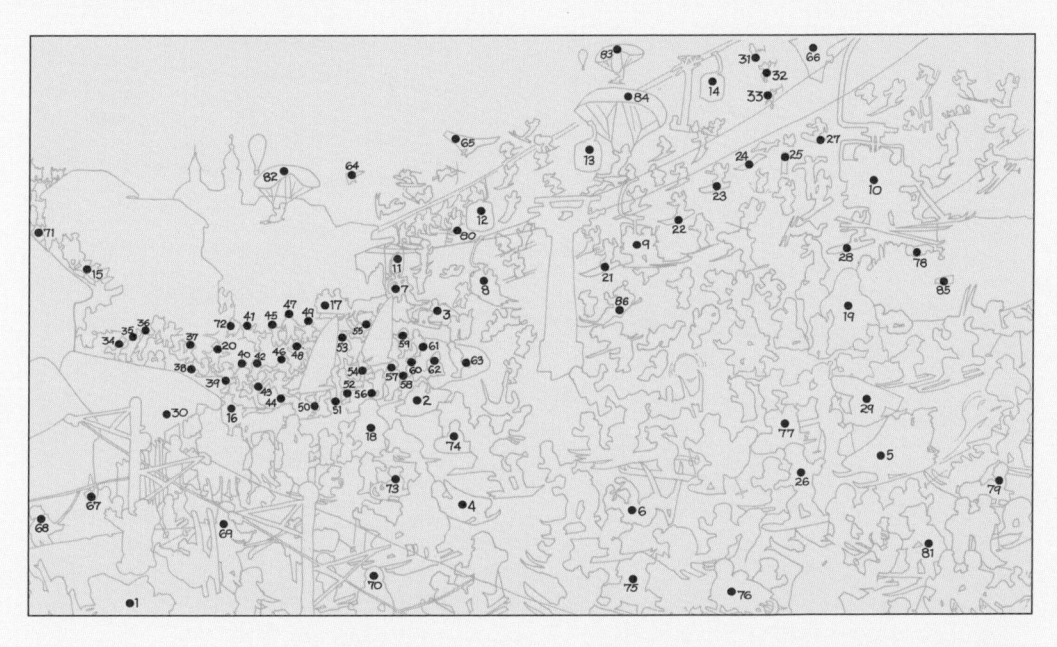

Kayağa Gidiyoruz 24-25

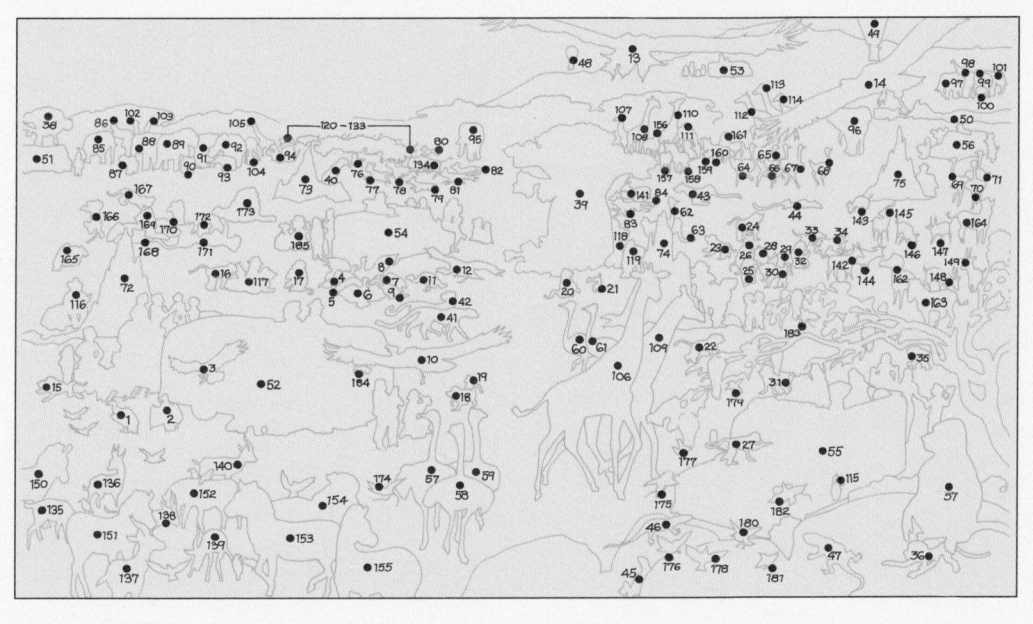

Kar motorları 1 2 3
4 5
Kırık koruma
gözlükleri 6
Telesiyej 7 8 9 10
Telekabin 11 12 13
14
Atlı kızak 15 16 17
Kardan adam yapan
gruplar 18 19
Kar kayakçıları 20
21 22 23 24 25
26 27 28 29
Kayak kiralama
dükkânı 30
Dağcılar 31 32 33
Patenliler 34
35 36 37 38 39
40 41 42 43 44
45 46 47 48 49
50 51 52 53 54
55 56 57 58 59
60 61 62 63
Yelken kanatçılar 64
65 66
Alışveriş çantası 67
Kayak teleferiği
68 69 70
Kızaklar 71 72
73 74 75 76 77
78 79
Kayak eğitmenleri 80
81
Kayak paraşütçüleri
82 83 84
Peynir 85
Büyük Hala Marigold
86

Safaride 26-27

Akbabalar 1 2 3 4 5 6 7
8 9 10 11 12 13 14
Babunlar 15 16 17 18
19 20 21 22 23 24
25 26 27 28 29 30
31 32 33 34 35 36
37
Baobab ağaçları 38 39
Çitalar 40 41 42 43 44
Agama kertenkeleri
45 46 47
Sıcak hava balonları
48 49 50
Otobüsler 51 52 53
Kamyonetler 54 55 56
Devekuşları 57 58 59 60
61 62 63 64 65 66
67 68 69 70 71
Akkarınca tümsekleri
72 73 74 75
Vahşi köpekler 76 77 78
79 80 81 82 83 84
Filler 85 86 87 88 89 90
91 92 93 94 95 96 97
98 99 100 101
Zürafalar 102 103 104
105 106 107 108 109
110 111 112 113 114
Şişe su 115
Bilim insanları 116 117
118 119
Afrika Antilopları 120
121 122 123 124 125
126 127 128 129 130
131 132 133 134
Thomson ceylanları
135 136 137 138 139
140 141 142 143 144
145 146 147 148 149
Zebralar 150 151 152
153 154 155 156 157
158 159 160 161
162 163 164
Aslanlar 165 166 167
168 169 170 171
172 173
Dokumacı kuşlar 174
175 176 177 178 179
180 181 182 183
Mavi dürbün 184
Büyük Hala Marigold
185

45

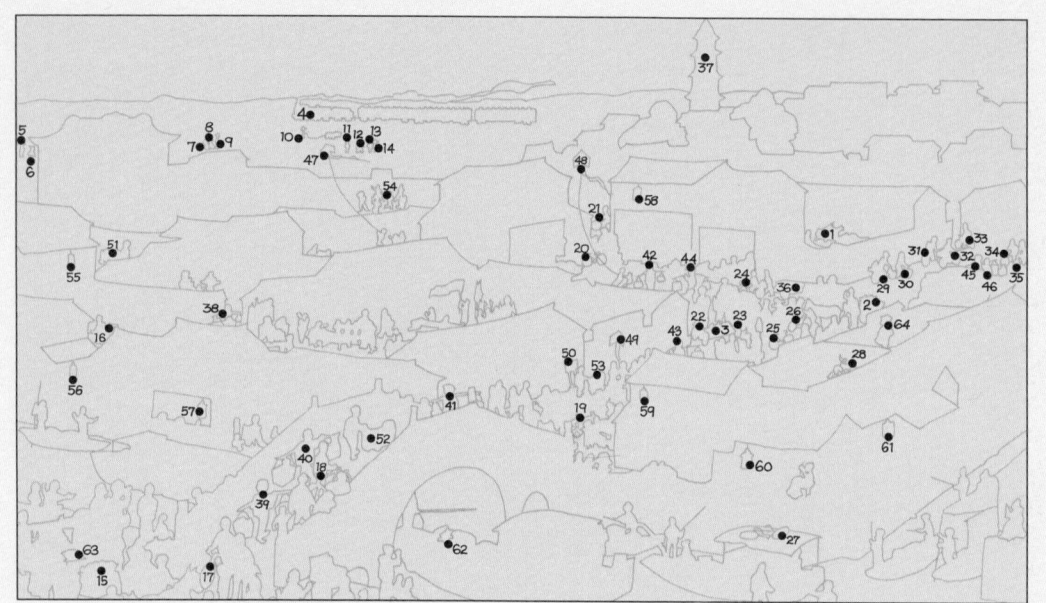

Kasaba Hayatı 28-29

Ejderha kostümü 1
Domuzlar 2
Ördekler 3
Buharlı tren 4
Çiftçiler 5 6 7 8 9
   10 11 12 13 14
Satılık çay demliği 15
Bisikletler 16 17 18
   19 20 21 22 23
   24 25 26 27 28
   29 30 31 32 33
   34 35
İpek kumaş ruloları
   36
Pagoda 37
Sırıkta sepet taşıyan
insanlar 38 39 40
   41 42 43 44 45
   46
Uçurtmalar 47 48 49
Kürek 50
Bambu bebek
arabaları 51 52 53
T'ai chi grubu 54
Kuş kafesleri 55
   56 57 58 59 60 61
Oyuncak panda 62
Ahşap yelpaze 63
Büyük Hala Marigold
   64

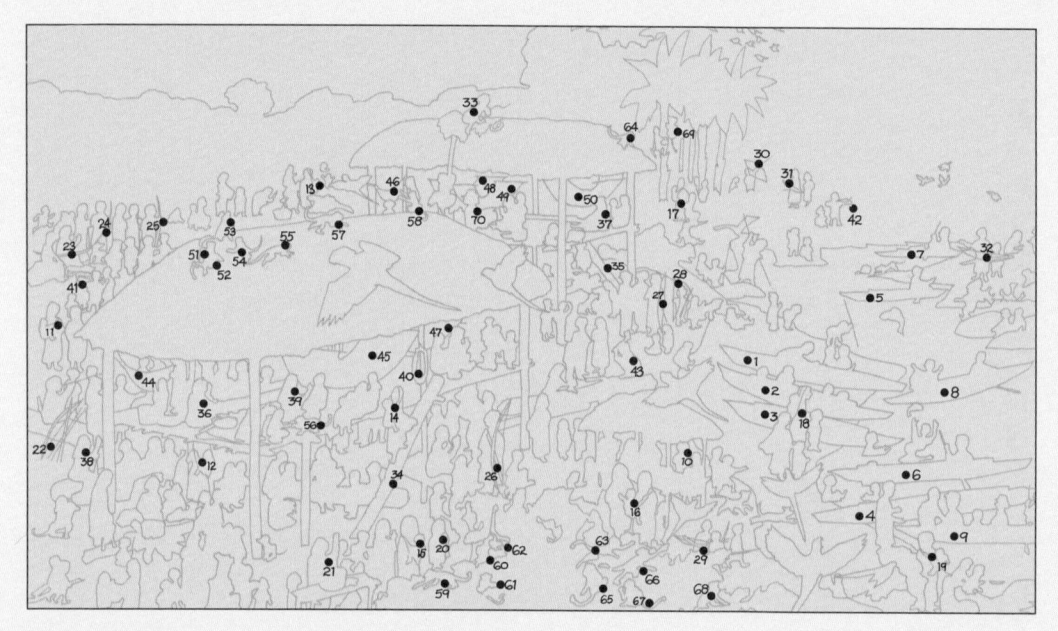

Orman Halkı 30-31

Kanolar 1 2 3 4 5 6
   7 8 9
Annatto tohumları
olan kız 10
Askıdaki bebekler 11
   12 13 14 15 16 17
   18 19
Papağanlı kız 20
Manyok ezen kişi 21
Yaylar 22 23 24 25
   26 27 28 29 30
   31 32
Çatı onaran kişi 33
Merdivenler 34 35
Kumaş dokuyanlar
   36 37
İpliğe pamuk
saranlar 38 39
Kuş tüyünden boyun
süsü 40
Sapanlar 41 42
Ağaç kesen kişi 43
Hamaklar 44 45
   46 47 48 49 50
Kırmızı uluyan
maymunlar
   51 52 53 54 55
   56 57 58 59 60
   61 62 63 64 65
   66 67 68
Muz hevengi 69
Büyük Hala Marigold
   70

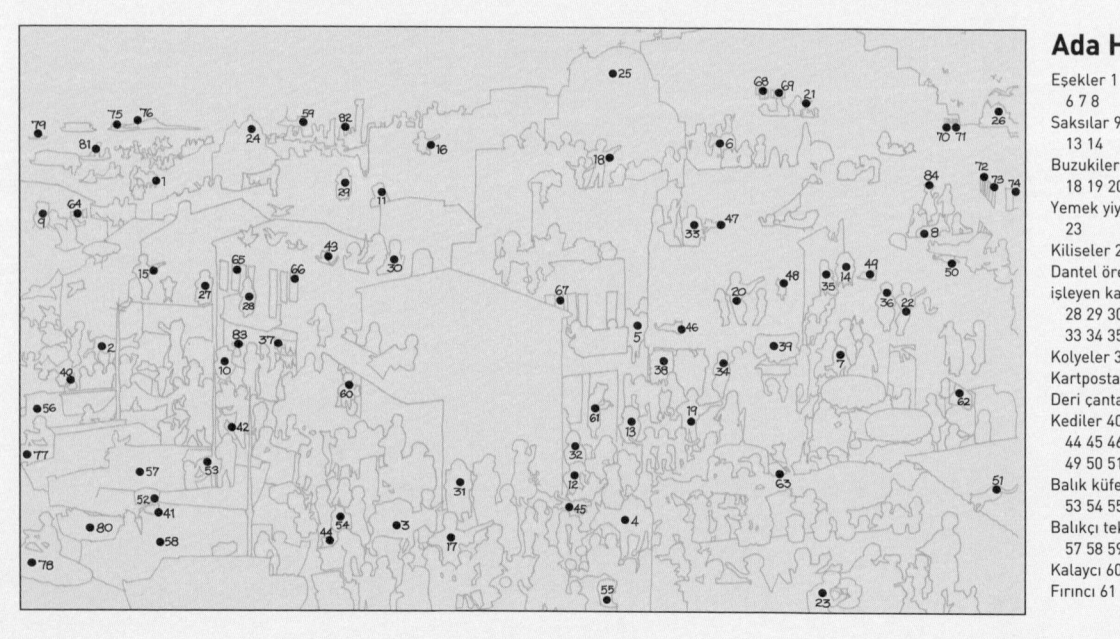

Ada Hayatı 32-33

Eşekler 1 2 3 4 5
   6 7 8
Saksılar 9 10 11 12
   13 14
Buzukiler 15 16 17
   18 19 20 21 22
Yemek yiyen kişi
   23
Kiliseler 24 25 26
Dantel ören/nakış
işleyen kadınlar 27
   28 29 30 31 32
   33 34 35 36
Kolyeler 37
Kartpostallar 38
Deri çantalar 39
Kediler 40 41 42 43
   44 45 46 47 48
   49 50 51
Balık küfeleri 52
   53 54 55
Balıkçı tekneleri 56
   57 58 59
Kalaycı 60
Fırıncı 61
Ayakkabıcı 62
Bloknot ve boya
kalemleri 63
Kırmızı kepenkli
pencereler 64 65 66
   67 68 69 70 71
   72 73 74
Akdeniz fokları 75 76
Sandallar 77
   78 79 80 81
Harabeler 82
Kil heykelcik 83
Büyük Hala Marigold
   84

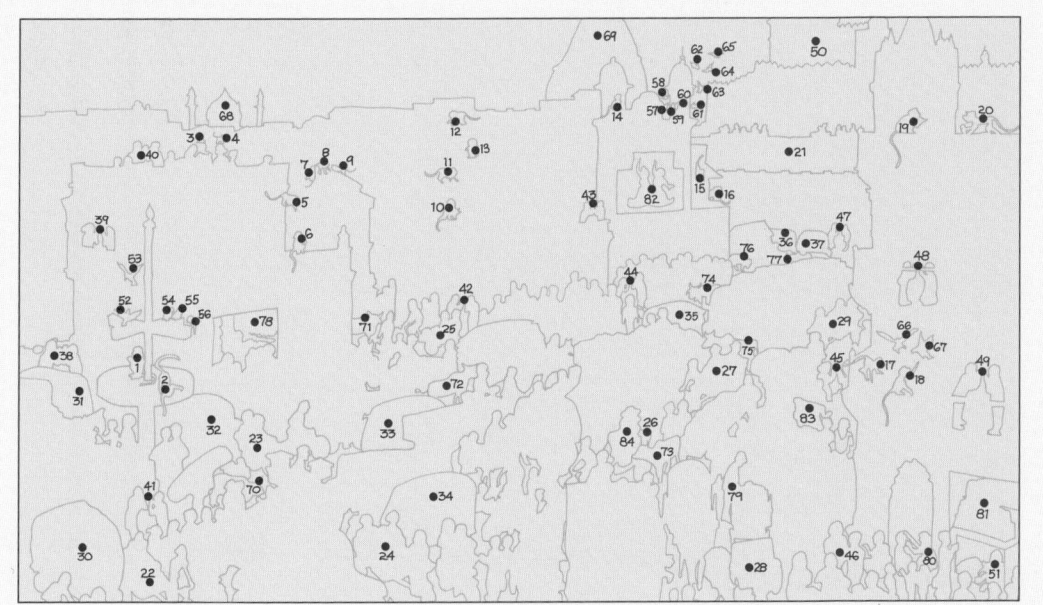

Sokakta 34-35

Langurlar 1 2 3 4 5 6
7 8 9 10 11 12 13
14 15 16 17 18 19
20
Tren 21
Bisikletli çekçek 22
23 24 25 26 27
28 29
Motorlu çekçek
30 31 32 33 34
35 36 37
Selamlaşan iki kişi
38 39 40 41 42
43 44 45 46 47 48
49
Eski kale 50
Çay satıcısı 51
Kargalar 52 53 54 55
56 57 58 59 60
61 62 63 64 65
66 67
Cami 68
Tapınak 69
İnekler 70 71 72 73
74 75 76 77

Güverte ayakkabısı
78
Puri kızartan adam
79
Sokak berberi 80
Şekerlemeler 81
Sinema afişi 82
Çiçekli boyun süsü
83
Büyük Hala Marigold
84

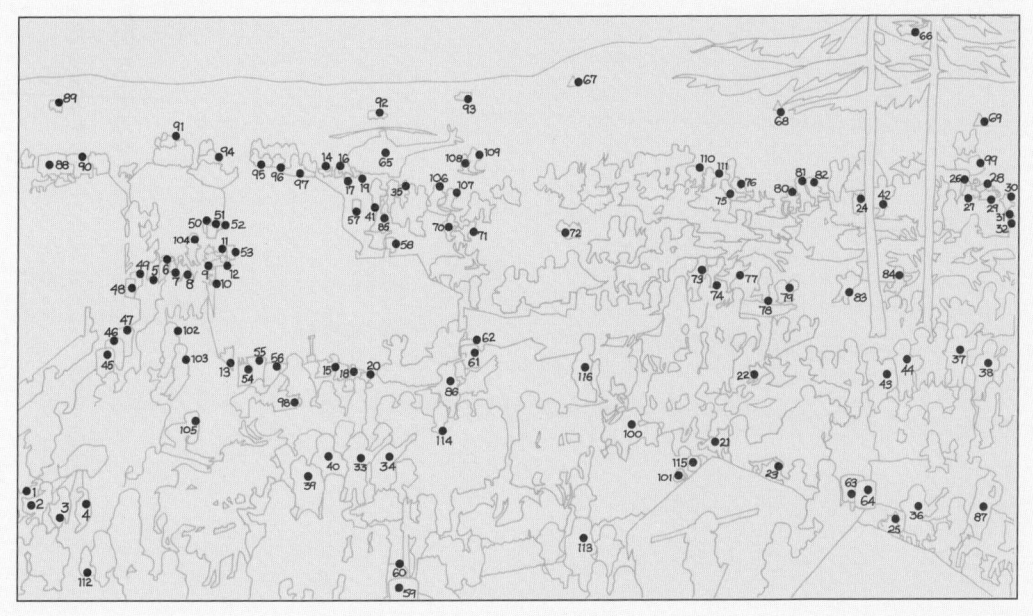

Rengeyiği Yarışları 36-37

Laykalar 1 2 3 4 5 6
7 8 9 10 11 12 13
14 15 16 17 18 19
20 21 22 23 24
25 26 27 28 29
30 31 32
Balalaykalar 33 34 35
36 37 38
Akordeonlar 39 40
41 42 43 44
Yağ bidonları 45
46 47 48 49 50
51 52 53 54 55
56 57 58 59 60
61 62 63 64
Helikopterler 65 66
Çumlar 67 68 69
Paten kayanlar 70
71 72 73 74 75
76 77 78 79 80
81 82 83 84
Ağaç kesenler 85
86 87
Kamyonlar 88 89
90 91 92 93

Motorlu kızaklar 94
95 96 97 98 99
Rengeyiğini giydiren
kişi 100
Kulaklık 101
Kayaklılar 102
103 104 105
106 107 108 109
110 111
Oyuncak ayı 112
Kemik oyan kişi 113
Semaver 114
Beyaz kürklü şapka
115
Büyük Hala Marigold
116

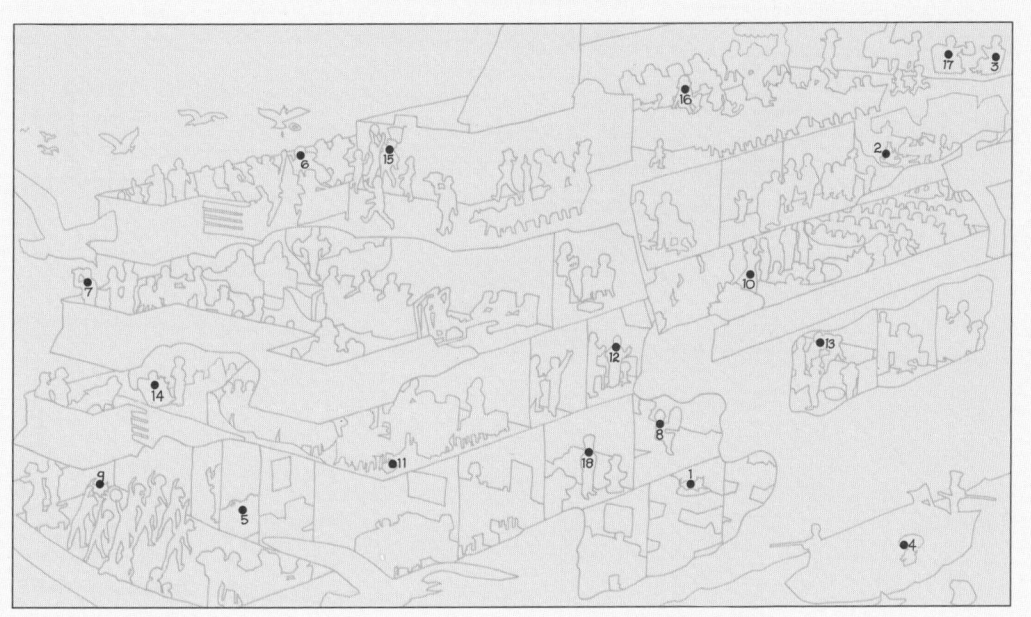

Gemi Yolculuğu 38-39

Muffin 1
Nina Bebek 2
Büyük Teyze Eva 3
Rosie 4
Jack 5
Jo 6
Mike Amca 7
Bayan Choy 8
Sniff 9
Büyük Hala Marigold
10
Lennox 11
Sacha 12
İkizler 13
Doktor Parekh 14
Max 15
Mim Teyze 16
Büyük Amca Frank
17
Bay Choy 18

TEŞEKKÜR

Yayıncılar aşağıdaki kuruluşlara ve kişilere bu kitabın hazırlanışındaki yardımları için teşekkür ediyor:

4-5. sayfalar: Roz Quade, BAA Londra Gatwick, İngiltere

8-9. sayfalar: Avustralya Turist Komisyonu, Londra, İngiltere

10-11. sayfalar: Shelagh Weir, Ortadoğu Küratörü, İnsanoğlu Müzesi (British Museum), Londra, İngiltere

12-13. sayfalar: Bayan Mitsuko Ohno

14-15. sayfalar: Blue Lagoon Ltd., PO Box 22, 240 Grindavik, İzlanda

16-17. sayfalar: Sheila Anderson

18-19. sayfalar: Trinidad Yüksek Komiserlik Ofisi, Londra, İngiltere

20-21. sayfalar: The Best of Morocco

25-25. sayfalar: David Hearns, Büyük Britanya Kayak Kulübü

26-27. sayfalar: David Duthie

28-29. sayfalar: Frances Wood, Çin Koleksiyonları Küratörü, Britanya Kütüphanesi, Londra, İngiltere

30-31. sayfalar: Survival, 6 Charterhouse Buildings, Londra EC1N 7ET, İngiltere, UK. Yağmur ormanı halkıyla ilgili daha fazla bilgi için, www.survival-international.org adresini ziyaret ediniz.

32-33. sayfalar: Andrew Stoddart, The Hellenic Bookservice, 91 Fortress Road, Londra NW5 1 AG, İngiltere

34-35. sayfalar: A.K. Singh, Hint Turist Kurulu, Londra, İngiltere

36-37. sayfalar: Dr. Alan Wood, Lancaster Üniversitesi, İngiltere

38-39. sayfalar: Tim Stocker, P & Q Cruises, 77 New Oxford Street, Londra WC1A, 1PP, İngiltere

41. sayfadaki ilave bulmacanın cevapları:

1. Sibirya
2. Doğu Afrika
3. 8:00 (Tayland)
4. Havaalanı
5. Üç (Antarktika, Alpler, Sibirya)
6. Beş (Ortadoğu, Trinidad, Fas, Doğu Afrika, Yunanistan)
7. 18 tekne; 20 uçak; 8 tren; 22 otobüs
8. D
9. F
10. C
11. F